1er janvier 2008 · Le stratège

*Pour former son armée de bénévoles,
Obama a motivé des groupes
comme celui-ci, dans un gymnase
de Davenport, en Iowa.*

Catalogage avant publication de Bibliothèque et Archives nationales du Québec et Bibliothèque et Archives Canada

Vedette principale au titre :
  Barack Obama : de l'anonymat à la présidence
  Traduction de : President Obama.
  ISBN 978-2-89455-311-4

1. Obama, Barack. 2. Présidents - États-Unis - Élection - 2008. 3. Présidents - États-Unis - Biographies. 4. Présidents - États-Unis - Élection - 2008 - Ouvrages illustrés. I. Allard, Isabelle.

E901.1.O23P7314 2009   973.932092   C2008-942602-9

Nous reconnaissons l'aide financière du gouvernement du Canada par l'entremise du Programme d'Aide au Développement de l'Industrie de l'Édition (PADIÉ), ainsi que celle de la SODEC pour nos activités d'édition.

Publié originalement aux États-Unis en 2008 par TIME Books, Time Inc., 1271 Avenue of Americas, New York, NY 10020, sous le titre : *President Obama : The Path to the White House.*
Copyright © 2009 Time Inc Home Entertainment

TIME

DIRECTEUR DE RÉDACTION : Richard Stengel
DIRECTEUR ARTISTIQUE : Arthur Hochstein
CHEF DU SERVICE PHOTOGRAPHIQUE : Alice Gabriner
RÉDACTEUR EN CHEF : Adi Ignatius
GRAPHISTE : Sharon Okamoto
ADJOINTES AU SERVICE PHOTOGRAPHIQUE : Crary Pullen et
  Leslie delaVega
JOURNALISTE PRINCIPALE : Deirdre van Dyk
RÉDACTEUR : Lionel P. Vargas
RÉVISEUR : Joseph McCombs

REMERCIEMENTS À : Glenn Buonocore, Susan Chodakiewicz,
  Margaret Hess, Brynn Joyce, Robert Marasco, Richard Prue,
  Brooke Reger, Mary Sarro-Waite, Ilene Schreider, Adriana Tierno
  et Alex Voznesenskiy

TIME INC. HOME ENTERTAINMENT

DIRECTEUR DE LA PUBLICATION : Richard Fraiman
DIRECTEUR GÉNÉRAL : Steven Sandonato
DIRECTRICE GÉNÉRALE, SERVICES MARKETING : Carol Pittard
DIRECTEUR, VENTES AU DÉTAIL ET VENTES SPÉCIALES : Tom Mifsud
DIRECTEUR, NOUVEAUX PRODUITS : Peter Harper
DIRECTRICE ADJOINTE, MARKETING EN KIOSQUE : Laura Adam
DIRECTRICE ADJOINTE, COMMERCIALISATION DE LA MARQUE :
  Joy Butts
CONSEILLÈRE JURIDIQUE : Helen Wan
CHEF DE MARQUE PRINCIPALE (TWRS/M) : Holly Oakes
DIRECTRICE, PRODUCTION DE LIVRE : Suzanne Janso
DIRECTRICE, GRAPHISME ET PRÉPRESSE : Anne-Michelle Gallero
CHEF DE MARQUE ADJOINTE : Michela Wilde

© Pour l'édition en langue française : Guy Saint-Jean Éditeur inc. 2009
Traduction : Isabelle Allard
Révision : François Roberge
Infographie : Olivier Lasser

Dépôt légal – Bibliothèque et Archives nationales du Québec, Bibliothèque et Archives Canada, 2009
ISBN : 978-2-89455-311-4

Distribution et diffusion : Prologue

Guy Saint-Jean Éditeur inc. 3154, boul. Industriel, Laval (Québec) Canada. H7L 4P7 • 450-663-1777
Courriel : info@saint-jeanediteur.com
Web : www.saint-jeanediteur.com

Imprimé et relié au Canada

TIME

Barack Obama :
de l'anonymat à la présidence

PHOTOGRAPHIES DE CALLIE SHELL/AURORA POUR LE *TIME*
TRADUIT DE L'ANGLAIS PAR ISABELLE ALLARD

Guy Saint-Jean
ÉDITEUR

Table des matières

PHOTOGRAPHIES

DE CALLIE SHELL/AURORA

POUR LE *TIME*

16 février 2007 · La vedette

*Au début de la campagne, Obama tient
un rassemblement au Centre des congrès
de Columbia, en Caroline du Sud, afin
d'expliquer pourquoi il veut devenir président.*

Le moment d'Obama

Les experts soutenaient qu'il n'était pas prêt, mais Barack Obama a réussi à toucher les Américains qui souhaitaient un nouveau type de candidat.

PAR RICHARD STENGEL

LES PRÉSIDENTS DÉMOCRATES N'ONT PAS L'HABITUDE D'ATTENDRE LEUR TOUR. On avait conseillé à John Kennedy, Jimmy Carter et Bill Clinton d'attendre

quatre ou même huit ans avant de se présenter. Mais ils savaient ce qu'ils valaient et connaissaient leur électorat, et dans chacune de leur campagne, l'homme et le moment se sont rencontrés.

Certains ont aussi dit à Barack Obama d'attendre. C'était le tour d'Hillary Clinton; il était trop jeune et il avait un nom inconnu. Mais Obama se connaissait ainsi que la nation qu'il espérait diriger. Il savait que les États-Unis étaient prêts pour lui, même si les anciens du parti ne l'étaient

pas. Suivant le conseil d'un célèbre joueur de hockey, il a patiné vers l'endroit où la rondelle se dirigeait, et non où elle était.

Comme les présidents démocrates précédents, Obama représente une révolution conceptuelle. Dès le moment où il est apparu sur la scène nationale, on a senti quelque chose de différent chez lui – et pas uniquement le fait qu'il soit le fils d'une Blanche du Kansas et d'un Noir du Kenya. Comme Kennedy, Carter et Clinton avant lui, il a créé une nouvelle rhétorique politique. Son attitude calme et réfléchie, son style descriptif et pondéré offraient une antidote à notre climat politique polarisé et survolté. Contrairement à la célèbre description de Franklin D. Roosevelt – voulant que l'aristocrate new-yorkais ait un intellect de deuxième ordre, mais un tempérament de premier ordre – Obama semblait avoir un tempérament *et* un intellect de premier ordre.

La photographe Callie Shell, dont les œuvres sont présentées dans ce livre, a aussi un tempérament de premier ordre – ainsi qu'un coup d'œil de premier ordre. Elle est originaire de la Caroline du Sud et il s'agit de sa cinquième campagne présidentielle. Callie, qu'on voit dans l'encadré ci-dessus en compagnie d'Obama, a commencé à couvrir ce candidat pour le *Time* en janvier 2006, quand son équipe de campagne se résumait à trois personnes dans une fourgonnette : le conducteur, Obama et elle-même. Depuis, elle fait partie de « la famille », comme l'affirme un membre de l'équipe d'Obama. Mieux que quiconque, Shell a réussi à dévoiler une facette intime d'Obama, le montrant au repos, quand il n'est pas sur une scène ou derrière un lutrin. Le talent de Callie révèle la véritable nature d'Obama en captant des moments spontanés, dans des lieux où peu de gens ont eu l'occasion de le voir.

Une entrée spectaculaire
Le président nouvellement élu et sa femme à Grant Park, à Chicago.

6 janvier 2008 · Décontracté

*Deux jours avant les élections primaires du New Hampshire,
toujours la cible des attaques mordantes d'Hillary Clinton,
Obama s'offre un moment de détente à bord de l'autobus
de campagne.*

22 avril 2008 · Pause casse-croûte

Accompagné de Michelle (et d'un groupe de journalistes), Obama s'arrête prendre une bouchée dans un petit restaurant de Pittsburgh, le matin des élections primaires de la Pennsylvanie.

7 novembre 2007 · Rampe de lancement

*Obama prononce un discours lors d'un rassemblement à l'hôtel de ville
de Burlington, durant sa tournée des circonscriptions rurales de l'Iowa.
Deux mois plus tard, il arrive en tête du caucus électoral de cet État.*

4 juillet 2008 · Détente familiale

*La famille Obama regarde un concours
de consommation de hot dogs à la télé,
avant de prendre part à un pique-nique
et à un défilé à Butte, au Montana.*

29 août 2008 · Sur sa lancée

Une journée après avoir accepté la direction du Parti démocrate, Obama, sous les yeux de Michelle et de son colistier, Joe Biden, tient un rassemblement à Beaver, dans l'État baromètre de la Pennsylvanie.

Un nouveau visage

Le Time *a consacré pour la première fois sa une à Barack Obama en octobre 2006, affirmant que le nouveau sénateur avait le charisme et l'ambition nécessaires pour devenir candidat à la présidence. Cependant, il n'était pas encore prêt à répondre aux questions épineuses.*

PAR JOE KLEIN

PAR UN SAMEDI MATIN FRAIS ET ENSOLEILLÉ, À ROCKFORD, EN ILLINOIS, PRÈS DE 1 000 personnes sont réunies dans le gymnase du Collège Rock Valley pour participer à une assemblée générale avec leur sénateur, Barack Obama. Il s'agit d'une foule étonnamment nombreuse, mais Obama semble être devenu en une nanoseconde un phénomène politique américain. Les habitants de la ville ne tiennent plus en place. «Nous savons qu'il a du charisme, déclare Bertha McEwing, qui vit à Rockford depuis plus de 50 ans. Nous voulons savoir s'il a l'intelligence requise.» Au même moment, un frémissement d'excitation parcourt la foule, des exclamations fusent et des applaudissements éclatent. Obama entre d'un pas bondissant et désinvolte dans le gymnase. «Vous m'avez manqué, dit-il en s'approchant du microphone et en continuant de saluer des gens sous le tonnerre d'applaudissements. J'en ai marre de Washington.»

Sa façon de parler est légèrement saccadée. «J'ai été coincé là-bas pendant un bout de temps.» Puis, son ton familier disparaît lorsqu'il commence à répondre aux questions. Le style d'Obama est calme et interactif, sans prétention. Chez lui, pas de langage pompeux ni de phrases ronflantes. Après 30 minutes, un homme dans la cinquantaine se lève et exprime avec passion ce qui semble être l'opinion de tous: «Le Congrès n'a rien foutu cette année. J'en ai assez des politiciens qui se renvoient la balle. Nous devrions les mettre à la porte et recommencer à neuf!»

«Moi aussi?» demande le sénateur.

Un chœur de «noooooon» réplique. «Pas vous, répond l'homme. Vous venez juste d'arriver.» Obama se lance dans une dissertation informelle à propos de la nature léthargique de la démocratie. C'est loin d'être une réponse politique habituelle, préparée d'avance. Il aborde ensuite des questions plus hermétiques, discutant du charcutage électoral qui a mené à une génération de politiciens issus de circonscriptions protégées. Ces derniers n'ayant pas à considérer le point de vue de l'autre camp, il est plus difficile d'arriver à des compromis, ce qui bloque les progrès législatifs. «Voilà pourquoi j'ai appuyé Arnold Schwarzenegger l'an dernier, lorsqu'il a proposé la création d'une commission neutre pour remodeler la carte des circonscriptions en Californie. Dommage qu'il ait perdu.» La foule suit

Le communicateur
Obama réussit à toucher de nombreux électeurs blancs, entre autres parce qu'il semble transcender les stéréotypes raciaux.

attentivement les paroles d'Obama alors qu'il enchaîne avec une analyse détaillée du budget fédéral. Finalement, il s'aperçoit qu'il fait de l'obstruction et s'excuse auprès de la foule d'avoir « fait un discours ». Personne ne semble lui en vouloir, puisque Obama fait une chose plutôt rare dans la politique américaine des dernières années : il respecte leur intelligence. C'est un libéral, mais pas un partisan forcené. En fait, il semble vouloir à tout prix trouver un terrain d'entente avec les conservateurs. « C'est un grand soulagement après toutes les protestations qu'on entend à la télévision, dit Chuck Sweeny, rédacteur politique du *Register Star* de Rockford. Obama tend la main à ses adversaires. Il dit que le camp opposé n'est pas l'incarnation du mal. Vous ne pouvez pas imaginer à quel point ce message est puissant pour un public comme celui-ci. »

L'attrait qu'exerce Obama est évident lorsqu'il descend du podium et est entouré de sympathisants de tout âge et de toutes les couleurs, bien que les réactions des Noirs et des Blancs diffèrent nettement. Les Afro-Américains sont généralement plus réservés, affichant une fierté discrète, avec des signes de tête entendus et des regards incitant à la prudence. Les Blancs, au contraire, sont déchaînés. Greta, une infirmière qui vient de terminer un quart de travail de 12 heures, tend timidement la main pour toucher la manche du sénateur. « Oh, mon Dieu ! Je viens de toucher à un futur président ! C'est incroyable ! » Frissonnante de joie, elle demande d'une voix tremblante un autographe à Obama, puis le serre dans ses bras.

En effet, ce samedi-là, alors que nous traversons le sud de l'Illinois et entrons dans le mythique État de l'Iowa – qui joue un rôle-clé dans toute campagne présidentielle –, Obama semble l'équivalent politique d'un arc-en-ciel, un phénomène soudain et surnaturel qui inspire l'extase et l'émerveillement. Bill Gluba, un activiste démocrate qui œuvre depuis longtemps dans la région, se rappelle avoir servi de chauffeur à Bobby Kennedy dans les environs de Davenport, en Iowa, le 14 mai 1968. « Je n'étais qu'un adolescent, raconte-t-il. Mais je me souviendrai toujours de la façon dont les gens réagissaient en sa présence. Je n'ai plus rien vu de pareil jusqu'à l'arrivée d'Obama. » Une question est sur toutes les lèvres : est-ce qu'il va se porter candidat à la présidence ? Presque tous ceux qui viennent l'écouter présument qu'il se présentera éventuellement et qu'il gagnera. À Davenport, un journaliste lui pose directement la question : « Serez-vous candidat à la présidence en 2008 ? » À ma grande surprise, Obama répond qu'il songe seulement à l'élection de 2006 pour l'instant, ce qui, dans le code sémantique de la politique présidentielle, est loin d'être un non. Quelques jours plus tard, je pose à Obama la question qui s'impose : « Envisagerez-vous de vous porter candidat à la présidence en 2008 lorsque l'élection du Congrès sera terminée ? » Il répond prudemment : « Après cette élection, lorsque j'aurai terminé la tournée promotionnelle de mon livre (*L'audace d'espérer*), je réfléchirai à la façon dont je peux être le plus utile à mon pays, et au moyen de concilier cela avec mon rôle de père et de mari. Je n'ai pas encore pris ma décision. Je n'ai pas encore réussi à résoudre ce casse-tête. »

L'Obamanie rappelle l'engouement pour le général Colin Powell – un autre arc-en-ciel politique – en septembre 1995. Les spéculations sur sa candidature à la présidence se sont traduites par des ventes de 2,6 millions d'exemplaires de ses mémoires. Powell et Obama ont un autre point commun : ce sont deux hommes noirs qui, comme Tiger Woods, Oprah Winfrey et Michael Jordan, semblent être des figures emblématiques dans l'imaginaire américain parce qu'ils dépassent les stéréotypes raciaux. « C'est une question de gratitude, dit l'essayiste Shelby Steele, qui écrit souvent sur la psychologie raciale. Les Blancs sont ravis de voir arriver un Noir éminent qui ne brandit pas constamment le spectre de la culpabilité raciale. Les Blancs adorent ce type de personne. »

Lorsque je l'interroge à ce sujet, Obama commence à répondre avant même que j'aie terminé ma question. « On ne parle pas assez des valeurs humaines fondamentales du peuple américain, répond-il dans son bureau du centre-ville de Chicago, très décontracté dans son jean et sa chemise bleu foncé. Des personnalités comme Oprah, Tiger et Michael Jordan permettent aux gens de donner libre cours à leurs meilleurs instincts. On peut être cynique et dire qu'il est facile d'aimer Oprah, mais qu'il est plus difficile d'accepter de consacrer plus de ressources pour donner des chances à de jeunes Noirs, dont certains ne sont pas aussi faciles à aimer. Mais je pense autrement. Je trouve que c'est sain, que c'est un bon instinct. Je ne veux pas que ça s'arrête avec Oprah. Je préfère dire : "Je vous fais une bonne impression ? Eh bien, il y a une foule de jeunes hommes dans ce pays qui pourraient être à ma place s'ils en avaient la chance." »

C E N'EST PAS TOUT À FAIT VRAI. IL N'Y A PAS BEAUCOUP DE GENS – QU'ILS AIENT LA PEAU ébène, ivoire ou d'une autre couleur – qui présentent la gamme de talents particuliers d'Obama ni ce qu'il appelle son passé familial «exotique». Il raconte cette histoire dans les moindres détails dans sa brillante autobiographie, *Les rêves de mon père*, peut-être la mieux écrite jamais publiée par un politicien américain. Il se dit Africain et Américain, par opposition à Afro-Américain, bien qu'il ait certainement souffert des subtiles cruautés infligées quotidiennement aux gens de couleur aux États-Unis. Dans son nouveau livre, il parle de Blancs qui l'ont confondu avec un préposé au stationnement. «J'ai dû concilier différentes réalités durant mon enfance, m'a-t-il confié. La race, la classe sociale... Par exemple, je fréquentais une prestigieuse école secondaire privée, alors que ma mère avait vécu grâce à des bons de nourriture pendant qu'elle complétait sa thèse de doctorat.» Obama croit que le fait de ne correspondre vraiment à aucun groupe ou catégorie explique ses efforts incessants pour comprendre et concilier des points de vue opposés. Mais cette tendance est si prononcée qu'elle semble presque une manie obsessionnelle compulsive. Dans *L'audace d'espérer*, j'ai relevé pas moins de 50 exemples où les deux côtés de la médaille sont présentés de manière aussi méticuleuse que judicieuse. À un moment, il parle de l'influence historique des extrémistes idéologiques – en fait, de gens bien différents de lui. Il écrit ceci au sujet du mouvement contre l'esclavage au XIXᵉ siècle : «Cela n'a pas toujours été le pragmatisme, la voix de la raison ou la force du compromis qui ont créé les conditions favorables à la liberté. Sachant cela, je ne peux pas rejeter sommairement ceux animés d'une certitude similaire de nos jours – l'activiste anti-avortement, le militant pour les droits des animaux qui saccage un laboratoire –, peu importe à quel point je suis en désaccord. Je suis même privé de la certitude de l'incertitude car, parfois, des vérités absolues peuvent très bien s'avérer absolues.»

Aïe ! Remarquez, Obama est on ne peut plus sincère au sujet de ses doutes et de ses imperfections. Dans *L'audace d'espérer*, j'ai noté 28 occasions où il se dénigre lui-même ou fait des déclarations peu politiques. Dès la page trois, il admet une «impatience» politique, soit une autre façon de dire qu'il est ambitieux. Il se reproche d'apprécier les avions privés, qui éliminent les frustrations des vols commerciaux exigus, mais qui – d'autre part ! – l'isolent des problèmes des gens ordinaires. Il admet que son adversaire au Sénat en 2004, Alan Keyes, lui tapait sur les nerfs. Il se considère responsable de «tensions» qui ont affecté son mariage, et il doute de ses capacités en tant que mari et père.

On sent une méthode sous cette angoisse. L'autodénigrement et l'empathie sont de puissants outils politiques. Ces deux qualités font partie intégrante du charme d'Obama depuis le début. Michael Froman, son camarade de classe à la Faculté de droit d'Harvard, m'a dit qu'Obama a été le premier Afro-Américain élu président du *Harvard Law Review* en raison de sa capacité à gagner l'appui des conservateurs de leur promotion scolaire. «Nous devions choisir entre Barack et un gars appelé David Goldberg, se souvient Froman. La plupart des étudiants étaient libéraux, mais on voyait de plus en plus de conservateurs de la *Federalist Society*. Il y avait de véritables luttes entre la gauche et la droite sur presque tous les points. Barack a remporté l'élection parce que les conservateurs pensaient qu'il tiendrait compte de leurs arguments. »

Après avoir travaillé trois ans à Chicago comme avocat spécialisé en droits civils et professeur de droit, Obama a été élu au Sénat de l'Illinois et s'est rapidement démarqué des autres législateurs afro-américains. « Il défendait passionnément ses opinions, déclare le sénateur républicain Dave Syverson, qui a travaillé à la réforme de l'aide sociale avec Obama. Nous avons eu des discussions plutôt houleuses. Mais ce n'est pas un politicien typique qui suit la ligne de son parti. Beaucoup de démocrates ne voulaient pas que le travail soit une condition requise pour les bénéficiaires de l'aide sociale. Barack était prêt à faire ce compromis. »

L a naissance et l'anéantissement des espoirs se situent au cœur de pratiquement toute grande course politique. Dans le cas d'Obama, les attentes sont exagérées. Il dépasse le fossé racial avec si peu d'efforts qu'il semble raisonnable de croire qu'il pourra combler toutes les autres divisions – et répondre à toutes les questions épineuses – qui affligent la vie publique américaine. Il encourage ces attentes en promettant de grandes choses – du moins, dans l'abstrait. « Ce pays est prêt pour des changements politiques du même ordre que sous John F. Kennedy, Ronald Reagan et Franklin D. Roosevelt », m'a-t-il dit. Toutefois, ces politiciens avaient de grandes idées ou étaient prêts à prendre de grands risques. Et jusqu'ici, Barack Obama n'a pas vraiment démontré que c'était son cas. Et la triste vérité, c'est que son livre, *L'audace d'espérer*, n'est pas très audacieux.

Quelques semaines plus tôt, Obama avait prononcé un discours à l'Université de Georgetown, devant une foule rassemblée par Moveon.org. Il s'agissait supposément d'un événement important, d'une occasion pour ce groupe bien connu d'activistes démocrates de flirter avec l'orateur le plus charismatique du parti. Ce fut décevant: Obama a proposé quelques maigres carottes pour encourager Détroit à produire des voitures plus éconergétiques. Sentant la pusillanimité du sénateur, le public composé d'étudiants et d'activistes est devenu manifestement moins enthousiaste. Deux jours auparavant, Al Gore avait fait un discours exaltant à New York où il proposait un plan énergétique beaucoup plus radical: une taxe substantielle sur les combustibles fossiles, qui servirait à réduire les contributions à la sécurité sociale et à l'assurance-maladie. J'ai demandé à Obama pourquoi, dans son livre ou dans ses discours, il ne préconisait pas une augmentation de taxes sur l'énergie associée à une diminution d'impôts pour les travailleurs américains. « Je n'y avais pas pensé », répond-il. Puis, conscient de l'hypocrisie de sa réponse – la taxe sur l'essence fait couler beaucoup d'encre ces temps-ci –, il s'empresse d'ajouter: « Je pense que c'est une idée très intéressante. » J'ai insisté, lui demandant s'il avait réfléchi à la question. « Les prémisses de ce livre n'étaient pas de révéler mon plan en 10 points, a-t-il louvoyé. Mon but était de déterminer les valeurs communes qui pouvaient servir de base à une discussion. » Devant mon scepticisme, il poursuivit: « Ce livre ne va pas tellement en profondeur en termes de politiques... Il y a une foule de bonnes idées qui circulent. Quelques-unes finissent au panier. »

Après avoir débattu sur quelques autres points, Obama sent le besoin de se défendre: « Écoutez, quand je me suis prononcé contre la guerre en Irak en 2002, Bush se situait à 60 % ou 65 % dans les sondages. Je risquais mes chances de réussite comme candidat au Sénat américain. Avec le recul, cela peut paraître facile à faire, mais ce n'était pas le cas à ce moment-là. » Il a raison: un grand nombre de ses rivaux potentiels pour la présidence ont voté pour donner à Bush le pouvoir d'utiliser la force militaire

Cris d'encouragement

Dès le début, les apparitions publiques d'Obama, comme celle-ci à Détroit, faisaient une grande impression sur la foule.

en Irak. Puis, Obama revient à la question de l'énergie: «Quand je parle de hausser les normes de l'économie d'essence, cela n'est pas très bien vu par le syndicat des travailleurs de l'automobile (United Auto Workers), des copains à moi... Écoutez, ce n'est tout simplement pas mon genre de faire exprès d'offusquer les gens ou de susciter la controverse, juste pour le plaisir d'être controversé. Cela met les gens sur la défensive et les rend moins ouverts aux changements.»

Qui parlait de défensive ? C'était la première fois que je voyais Obama mal à l'aise. Et sa gêne mettait en évidence le savant dosage qu'il applique à chaque geste et déclaration, à chaque moment public de sa vie. «Il exécute un dangereux numéro de corde raide, m'a dit Shelby Steele. Il doit continuer à plaire aux Blancs sans se mettre les Noirs à dos, et vice-versa. Vous lui demandez de prendre des risques politiques ? Être ce qu'il est constitue déjà un énorme risque.»

Lors de notre entrevue, j'ai tendu à Obama une branche d'olivier munie de quelques épines: mes attentes étaient peut-être trop élevées lorsque je lui avais demandé d'être plus audacieux sur ces questions. «Non, m'a-t-il dit en revenant à la politique énergétique et à la proposition de Gore. C'est une bonne idée. Je vais appeler Gore et en parler avec lui. C'est peut-être un projet que j'aurais envie de défendre.» Mais il n'est pas prêt à faire le saut. Pas encore. L'audace doit être planifiée et non impulsive, et il y a toutes sortes de points à considérer avant de passer à la prochaine étape. «En ce qui concerne vos attentes à mon sujet, souvenez-vous que je n'ai pas annoncé que je me présentais en 2008. J'imagine que vous devrez avoir de très grandes attentes à l'égard de quiconque se présentera en 2008.»

—Publié originalement dans le *Time*, le 23 octobre 2006

Le talent de Michelle

*Une romancière part à la recherche de la véritable
Michelle Obama... et découvre les attrayantes valeurs
traditionnelles de la future première dame des États-Unis.*

PAR CURTIS SITTENFELD

MICHELLE OBAMA EST GRANDE, INTELLIGENTE, DRÔLE ET DÉTENDUE, TELLEMENT posée et rayonnante – si elle est séduisante dans les photographies, elle est tout simplement superbe en personne – qu'elle semble presque déjà la première dame. Ou du moins, c'est la conclusion à laquelle je suis arrivée après notre rencontre au Westin Tabor Center de Denver, durant le Congrès national du Parti démocrate. Je la suivais depuis quelques jours, passant d'un public enthousiaste à un autre, y compris celui réuni pour une activité communautaire au profit des soldats, durant lequel un ancien combattant de la guerre en Irak l'a présentée en disant : « Madame, je sais que vous n'étiez pas dans l'armée, mais je vous suivrais n'importe où. » Si tout cela ne m'avait pas encore convaincue (il s'agissait du Congrès démocrate, après tout), je dirais qu'il m'a fallu environ 30 secondes pour tomber sous son charme lors de notre entrevue. Cela s'est produit lorsque je lui ai demandé si elle trouvait assommant de devoir toujours répéter le même discours. Elle m'a répondu joyeusement : « Oh oui, tout à fait ! »

Ce n'est pas que je n'aimais pas Michelle Obama (je passe aux aveux : j'ai voté pour Hillary Clinton lors des primaires du Missouri). Mais après avoir écrit un roman sur un personnage de première dame librement inspiré par Laura Bush, je trouvais Michelle, comment dire, controversée. Le mois de juin précédent, son passage à l'émission *The View* – pour parler de questions « politiques » comme le port des bas-culottes – avait été généralement considéré comme faisant partie d'une offensive de charme destinée à réhabiliter son image. Celle-ci avait été ternie, entre autres, par sa remarque notoire, durant un discours quelques mois auparavant : « Pour la première fois de ma vie adulte, je suis fière de mon pays parce que j'ai l'impression que l'espoir est enfin de retour. » Je savais aussi que des gens trouvaient Michelle « méchante », « prétentieuse » ou « radicale » – pas moi, remarquez, mais certaines personnes.

Pourtant, lorsque j'ai posé la question autour de moi, j'ai rencontré davantage de gens qui semblaient plus entichés de Michelle que de son mari ; par exemple, une femme blanche de ma connaissance qui a acheté son premier numéro du magazine *Ebony* parce que Michelle était à la une. Ou encore ce caméraman, rencontré à Denver, qui a manœuvré pour obtenir un « coup de poing amical » avec Michelle, et a ensuite juré qu'il ne se laverait plus jamais les mains. Il m'a assuré qu'il était généralement blasé dans ce genre de situation, mais que Michelle était le second avènement de Jackie Kennedy !

La belle Michelle
La future première dame des États-Unis a survécu aux insultes et aux attaques des tribunes téléphoniques de la radio et de la blogosphère de droite.

Au cours de notre entrevue, j'ai demandé à Michelle ce qui explique l'écart entre l'admiration qu'elle inspire et les propos insultants de la blogosphère et des tribunes téléphoniques – qui ont amené le *New Yorker* à publier à la une, même pour plaisanter, cette célèbre caricature qui la montre avec son mari dans le bureau ovale, arborant une coiffure afro et un AK-47. « J'ai compris qu'il y a deux discours en ce moment, a-t-elle répondu. L'un du côté des experts – les sondages, les journalistes, les spécialistes –, l'autre sur le terrain. J'ai appris très tôt à fonder mes réactions sur ce que je vois sur le terrain, parce que pour moi, il s'agit d'un reflet plus juste de la réalité – et cela même dans les primaires, comme on a pu le constater. On n'aurait jamais pu prévoir le résultat en Iowa (où Obama est sorti vainqueur du caucus électoral) juste en lisant les journaux. Mais en Iowa, on pouvait sentir clairement la possibilité d'une victoire. »

Ma propre théorie c'est que les médias, soutenus par les vœux pieux des conservateurs, en ont eu assez du portrait initial de Michelle Obama : la professionnelle réputée venant d'un milieu ouvrier, détenant un diplôme de Princeton et d'Harvard, avec une tendance à faire des blagues sur l'haleine matinale de son mari. Afin de maintenir l'intérêt, ils ont choisi de la présenter comme un handicap pour la campagne d'Obama. Il semble que Michelle a payé un prix politique aussi élevé pour sa remarque sur la fierté nationale – qui est loin d'avoir offusqué tout le monde – que Cindy McCain pour ses propres imperfections.

La délicate chorégraphie que Michelle doit exécuter rappelle la croyance selon laquelle les Noirs doivent être deux fois plus compétents que les Blancs pour aller deux fois moins loin. Quelques démocrates – et quelques féministes – ont manifesté leur déception lors de son discours au Congrès national, avec son thème sous-jacent : ne tenez pas compte de ma race ni de mes diplômes universitaires, et regardez comme je suis chaleureuse, maternelle et rassurante. Pour d'autres démocrates, dont sans doute Michelle elle-même, cette approche en douceur était nécessaire.

Durant la période où je l'ai suivie, le commentaire le plus émouvant que je l'ai entendue faire s'adressait à un groupe de cinq chroniqueuses : « En tant que Noire professionnelle qui a grandi dans une famille stable et a maintenant sa propre famille, je me sens parfois comme si les gens ne croyaient pas que j'existe vraiment. Je suis probablement la première personne de ma catégorie à laquelle ce pays est exposé. » Cela rejoint les propos de Whoopi Goldberg lors du passage de Michelle à l'émission *The View* en juin : « Je dois dire que je suis très heureuse de vous voir ici, parce que chaque fois qu'on présente des personnes noires aux bulletins télévisés, en particulier des femmes, elles sont édentées ou ont quelques dents en or, et sont incapables d'aligner deux phrases. »

Lors de notre conversation, je me suis demandé si c'était vraiment la responsabilité de Michelle de réfuter de tels préjugés. Elle a répliqué qu'elle y était habituée. « J'ai été confrontée à cela toute ma vie, a-t-elle dit. C'est pour cette raison que l'éducation est si importante. C'est pourquoi il est crucial de donner à tous les enfants la chance de quitter la maison pour aller à l'université. Les gens grandissent dans leur communauté, leur quartier, leur famille, et ne connaissent que ce qui les entoure. Ce n'est pas leur faute. Inutile de faire des reproches. Mais lorsque les gens ont la chance de se rencontrer et de se parler... Il n'est même pas nécessaire de vivre sous le même toit. De nombreuses personnes qui sont allées à l'université avec moi ont eu l'occasion de me croiser et de me connaître. Qu'elles m'aient connue personnellement ou non, elles ont vécu cette expérience. Cela fait partie de la vie quand on est minoritaire dans la plupart des situations... J'ai le sentiment que c'est un rôle que je dois jouer. »

Le fait qu'elle joue ce rôle depuis si longtemps contribue à expliquer la facilité apparente avec laquelle elle a supporté l'intensité de la campagne. «Lorsqu'on est quelqu'un comme moi, qui sort des limites habituelles de ce que sa vie est supposée être – aller à Princeton, par exemple –, on craint de ne pas être prêt, parce que tout le monde nous dit qu'on ne l'est pas. On se lance tout de même, puis on se dit: j'étais prêt.» Elle éclate de rire. «Je pense que beaucoup d'entre nous sont plus prêts à affronter certaines situations qu'ils ne le pensent.»

Si la campagne lui a réservé des périodes difficiles, il est étonnant de voir que Michelle n'a pas perdu sa spontanéité. Les moments les plus touchants et divertissants de ses apparitions publiques sont improvisés, qu'elle se vante auprès de l'assistance à Denver de porter des chaussures confortables ou qu'elle dise en parlant de Barack: «Ce type que je connais, l'homme que j'ai épousé.» Avant d'ajouter malicieusement: «Ce gars si mignon.» Quiconque doute du charme de ses réparties impromptues devrait télécharger le vidéoclip dans lequel elle donne un discours à l'extérieur alors que le vent soulève sa robe. Elle la rabat adroitement et dit à l'assistance: «Je ne voulais pas m'exhiber... Je ne veux pas me retrouver sur YouTube.»

Voilà le plus grand talent de Michelle Obama: sa capacité d'établir un rapport avec les gens ordinaires. Même si elle est plus grande et en forme, plus éduquée que la plupart d'entre nous, elle est entièrement crédible en tant que personne qui vit dans le même univers que nous, consomme la même culture populaire (*Us Weekly*), fait ses achats dans les mêmes boutiques (Target, Gap) et fait face aux mêmes problèmes pour tout mener de front et combiner sa vie personnelle et professionnelle.

Ces dernières années, peu d'épouses d'hommes politiques, et encore moins de premières dames, nous ont paru aussi familières. Prenons Laura Bush, par exemple. Je l'admire en grande partie parce qu'elle semble une bonne personne, aimable et généreuse. La combinaison de sa curiosité intellectuelle et de sa grande discrétion m'intrigue. Mais si Laura m'inspire de l'affection et de la sympathie, je ne me sens pas nécessairement proche d'elle. Elle est issue d'une génération plus âgée et a pris des décisions, comme quitter son emploi après son mariage mais avant d'avoir des enfants, qui sont les choix d'une autre époque. Michelle Obama, en revanche, a eu un revenu plus élevé que celui de son mari durant une partie de leur mariage.

Contrairement à ce qu'elle-même affirme, Michelle n'est pas la première personne de sa catégorie que je rencontre. Son type est en fait très reconnaissable, bien qu'il m'ait fallu attendre après le Congrès pour parvenir à l'identifier. Je soupçonne que ce genre de personne est connu de quiconque a été, dans les 25 dernières années, une jeune femme sortant de l'université et débutant dans son premier véritable emploi. Vous vous retrouvez dans un bureau où il y a une femme de 8 ou 10 ans plus âgée que vous. Elle est non seulement très efficace, mais sûre d'elle et amicale, avec une vie occupée comprenant un mari séduisant, une belle maison et, peut-être, un ou deux enfants. Et vous vous dites que peut-être, si tout va bien, votre propre vie pourrait ressembler à la sienne.

– PUBLIÉ ORIGINALEMENT DANS LE *TIME*, LE 6 OCTOBRE 2008.

3 juin 2008 · Le vainqueur

*Obama dans un ascenseur, en route vers un rassemblement de
la victoire à l'aréna Xcel de St. Paul, au Minnesota, après avoir
acquis suffisamment de soutien de la part des délégués
et superdélégués pour accéder à la direction du parti.*

2 octobre 2008 · Un simple papa

Obama passe un rare moment de détente chez lui,
dans le quartier Hyde Park de Chicago, et conduit ses filles,
Malia (à gauche) et Sasha, à l'école.

21 janvier 2008 · Jeunes rêveurs

*Lors d'une manifestation marquant la Journée de Martin Luther King Jr.,
à Columbia, en Caroline du Sud, deux jeunes partisans suivent
Obama des yeux pendant qu'il traverse la foule.*

RIZ

5 avril 2008 · L'esprit de compétition

Désireux de ne pas perdre la face devant deux conseillers ayant réussi chacun deux tractions, Obama en exécute trois avant de sortir parler à la foule à l'Université du Montana.

*À Manning, en Caroline du Sud, la foule écoute Obama
à l'extérieur du Palais de justice. Il ne ménage pas ses
efforts pour convaincre les électeurs noirs sceptiques
qu'il est capable de gagner.*

28 août 2008 · En avant!

Après son discours d'investiture au Congrès du Parti démocrate, Obama sort avec sa famille devant la foule enthousiaste rassemblée au Stade Invesco Field, à Denver.

L'histoire d'une mère

*La plus grande influence dans la vie d'Obama a été une femme,
inconnue pour la plupart des Américains.
Voici comment sa vie peu commune a modelé la perception du
monde du nouveau président américain.*

PAR AMANDA RIPLEY

L A VIE DE CHACUN D'ENTRE NOUS EST TRUFFÉE DE VÉRITÉS CONTRADICTOIRES. NOUS ne nous résumons pas à une seule chose. La mère de Barack Obama présentait au moins une douzaine de facettes. S. Ann Soetoro était une mère adolescente qui a fini par décrocher un doctorat en anthropologie ; une femme blanche du Midwest qui s'est épanouie en Indonésie ; une mère aimante obsédée par son travail ; une réaliste romantique, si une telle chose est possible. « Quand je pense à ma mère, m'a confié Obama, je me dis qu'il y avait chez elle un attachement à ses valeurs, à son identité et, en même temps, une certaine insouciance. Je crois qu'elle cherchait toujours quelque chose. Elle n'aimait pas voir sa vie confinée dans un certain cadre. »

La mère d'Obama était une rêveuse. Elle a fait des paris risqués qui ne lui ont pas toujours été profitables, des choix avec lesquels ses enfants ont dû vivre. Elle est devenue amoureuse – à deux reprises – d'étudiants issus de pays étrangers dont elle ne connaissait rien. Ses deux mariages ont échoué, et elle a dû compter sur l'aide de ses parents et de ses amis pour élever ses deux enfants. « Lorsqu'elle voyait des animaux se faire maltraiter, des enfants dans les bulletins de nouvelles, un film triste, ou encore si elle avait l'impression de ne pas se faire comprendre dans une conversation, elle pleurait facilement, a dit sa fille, Maya Soetoro-Ng. Et pourtant, elle était intrépide. Elle était très débrouillarde. Elle partait, juchée à l'arrière d'une motocyclette, pour mener des enquêtes rigoureuses sur le terrain. Elle allait au cœur d'un problème, et savait qui tenir responsable. »

Obama est en partie le résultat de ce que sa mère n'était pas. Alors qu'elle a entraîné ses enfants vers des contrées étrangères et a même vécu loin de son fils lorsqu'il était adolescent, Obama, lui, a voulu établir sa famille dans le Midwest. « Nous avons créé une stabilité pour nos enfants, contrairement à ce que ma mère a fait avec ma sœur et moi, a-t-il dit. Ma décision de m'établir à Chicago et d'épouser une femme très enracinée dans son milieu indique probablement mon désir d'une stabilité qui m'a peut-être manqué. »

L'héritage

Dans le Kansas des années 1940, la mère d'Obama (en haut à droite, avec ses parents) a passé outre à son éducation pour devenir une mère célibataire débrouillarde et une courageuse partisane des défavorisés indonésiens. Obama, à gauche, avec sa mère, à Hawaï, en 1962; et ci-dessus, vers six ans. Le père charismatique d'Obama, (ci-dessus, au centre), a abandonné son fils quand il avait un an, ne revenant le voir qu'à une occasion avant sa mort, survenue en 1982.

Ironiquement, la personne la plus importante dans la vie d'Obama est celle sur laquelle nous en savons le moins. Sans doute parce qu'aux États-Unis, être partiellement africain est toujours considéré comme être simplement noir, et que la couleur est toujours une considération qui surpasse toutes les autres. Il ne reste donc plus de place pour s'intéresser au reste. Mais Obama est bien le fils de sa mère. Dans sa politique d'ouverture à propos de ce qui peut être accompli au lieu de ce qui est déjà arrivé, on peut percevoir un soupçon de la crédulité de sa mère. Lorsqu'il a reçu des dons de personnes qui n'avaient jamais cru à la politique auparavant, ces dernières réagissaient à sa capacité – héritée de sa mère – d'être très convaincant sans recourir à la démagogie. Dans ses bons jours, quand il parvient à toucher des gens très différents de lui, sans doute est-ce dû à sa mère qui observait différentes cultures comme d'autres étudient les pierres précieuses.

STANLEY ANN DUNHAM, LA MÈRE D'OBAMA, EST NÉE EN 1942, DANS UN PAYS MARQUÉ PAR la guerre, la ségrégation et la méfiance envers tout ce qui était différent. Ses parents l'ont prénommée Stanley parce que son père, vendeur de meubles, avait souhaité un fils. Elle a passé ses années d'études secondaires (après avoir déménagé à au moins cinq reprises dans des villes du Kansas, de la Californie, du Texas et de Washington) sur une île près de Seattle, où elle a suivi des cours avancés de philosophie. « C'était une fille très intelligente et réservée, se souvient Maxine Box, une camarade d'école. Elle ne souhaitait pas particulièrement se marier ou être mère. » Après ses études secondaires, son père a une fois de plus transplanté la famille, cette fois dans le nouvel État d'Hawaï. Il avait entendu parler d'un nouveau magasin de meubles à Honolulu. Stanley a suivi sa famille à contrecœur, et s'est inscrite à l'Université d'Hawaï.

Juste avant de déménager là-bas, elle a vu son premier film étranger, *Orfeu Negro*, le récit senti-mental – et, aux yeux de certains, condescendant – d'un amour voué à l'échec, filmé au Brésil. Des années plus tard, Obama l'a vu avec sa mère et a songé à sortir du cinéma avant la fin. Mais en la regardant, il a perçu la jeune fille de 16 ans qu'elle avait été. « J'ai soudain compris, écrit-il dans son autobiographie *Les rêves de mon père*, que le portrait de Noirs enfantins que je voyais à l'écran était l'image que ma mère avait apportée avec elle à Hawaï des années auparavant, le reflet de rêves inter-dits à une jeune Blanche de la classe moyenne au Kansas, la promesse d'une vie différente, plus chaleureuse, sensuelle, exotique. »

À l'université, Stanley avait commencé à se présenter sous le prénom d'Ann. Elle a rencontré Barack Obama père dans un cours de russe, un des premiers Africains à fréquenter l'Université d'Hawaï et l'objet de la curiosité générale. « Il avait une personnalité magnétique, se souvient Neil Abercrombie, membre du Congrès d'Hawaï et ami d'Obama père à l'université. Tout était prétexte aux joutes oratoires chez lui, même la plus banale observation. »

Le père d'Obama a vite été entouré d'un groupe d'amis à l'université. « Nous buvions de la bière, mangions de la pizza et écoutions des disques, raconte Abercrombie. Nous discutions du Viêt Nam et de politique. Tout le monde avait une opinion, et tout le monde croyait que les autres voulaient l'entendre, Barack encore plus que les autres. » Il y avait toutefois une exception : Ann, la jeune femme réservée, à l'écart des autres. Les amis de Barack savaient qu'il fréquentait une femme blanche, mais ils faisaient mine de trouver cela tout naturel. Il s'agissait d'Hawaï, après tout, un endroit renommé pour être un creuset ethnique.

Le 2 février 1961, plusieurs mois après leur rencontre, Ann et Barack se sont mariés à Maui. Ann était alors enceinte de trois mois de Barack Obama junior. Leurs amis n'ont appris leur mariage que par la suite. Les motivations de cette union demeurent un mystère, même pour Obama. « Je n'ai ja-mais questionné ma mère sur les détails. Ont-ils décidé de se marier parce qu'elle était enceinte ? Lui a-t-il fait une demande en mariage en bonne et due forme ? Je suppose que si elle n'était pas décédée, je lui aurais posé plus de questions. »

Obama avait environ un an quand son père est parti étudier à Harvard pour obtenir un doctorat en économie. Il avait le projet de retourner au Kenya pour contribuer à réinventer son pays. Il voulait emmener sa nouvelle famille avec lui, mais il avait déjà une femme, d'un premier mariage, qui l'attendait là-bas. Ann a finalement décidé de ne pas le suivre. « Elle ne se faisait pas d'illusions, précise Abercrombie. C'était un homme de son époque, issu d'une société très patriarcale. » Ann a demandé le divorce à Honolulu en janvier 1964, pour « souffrances morales graves », la raison citée dans la plupart des divorces à l'époque.

Ann avait déjà posé des actes impensables pour la plupart des femmes de sa génération : elle avait épousé un Africain, avait eu un enfant de lui et avait divorcé. À ce moment-là, sa vie aurait pu devenir plus bornée, en tant que femme marginalisée élevant seule son enfant. Elle aurait pu remplir la tête de son fils d'un ressentiment légitime à l'égard de son père absent. Mais ce n'est pas ce qui s'est produit.

Lorsque son fils avait presque deux ans, Ann est retournée à l'université. Comme elle n'avait pas beaucoup d'argent, elle a amassé des bons de nourriture et compté sur l'aide de ses parents pour prendre soin du jeune Barack. À l'université, elle a fait la connaissance d'un autre étudiant étranger, Lolo Soetoro. Il était facile à vivre et prenait plaisir à jouer avec son jeune fils. Lolo l'a demandée en mariage en 1967. Plus tard, lorsque la mère et le fils sont allés le rejoindre en Indonésie, c'était la première fois qu'ils quittaient leur pays. « Quand nous sommes sortis de l'avion, le soleil était une véritable fournaise et la piste ondulait sous la chaleur, se souvient Obama. J'ai serré la main de ma mère, déterminé à la protéger. »

La maison de Lolo, à la périphérie de Jakarta, était à l'opposé des gratte-ciel de Honolulu. Il n'y avait pas d'électricité et les rues n'étaient pas pavées. Ann et son fils étaient les premiers étrangers à vivre dans ce quartier, selon les gens du coin qui se souviennent d'eux. Deux bébés crocodiles, des poulets et des oiseaux de paradis vivaient derrière la maison. Pour faire la connaissance des enfants de la maison voisine, Obama s'est assis sur le mur séparant les deux jardins. « Il agitait les bras comme un grand oiseau en poussant des croassements, raconte Kay Ikranagara, un de ses amis. Cela a fait rire les enfants. » Obama fréquentait l'école primaire catholique Franciscus Assisi. Il s'y démarquait, non seulement parce qu'il était étranger, mais parce qu'il était plus dodu que les enfants du pays. Toutefois, ignorant les taquineries, il mangeait du tofu et du tempeh comme les autres, jouait au soccer et cueillait des goyaves dans les arbres.

À mesure qu'Ann s'intéressait de plus en plus à l'Indonésie, son mari s'occidentalisait. Il grimpa les échelons d'une entreprise pétrolière américaine et s'installa dans un quartier plus huppé avec sa famille. Ann devait l'accompagner dans des réceptions ennuyeuses où les hommes se vantaient de leur handicap de golf et les épouses se plaignaient de leurs serviteurs indonésiens. « Elle n'était pas préparée à cette solitude, écrit Obama dans *Les rêves de mon père*. C'était un sentiment constant, comme un manque d'oxygène. » Bien que l'Indonésie compte la plus grande population musulmane du monde, la famille d'Obama n'était pas religieuse. « Ma mère était une des personnes les plus spirituelles que j'aie connues, a-t-il déclaré dans un discours en 2007. Mais elle avait une bonne dose de scepticisme envers la religion en tant qu'institution. Par conséquent, c'était aussi mon cas. »

Ann fut embauchée par l'ambassade américaine pour enseigner l'anglais. Elle réveillait son fils chaque matin à quatre heures pour lui donner des leçons d'anglais à partir d'un cours par correspondance. Après deux ans à l'école catholique, Barack entra dans une école primaire publique plus près de leur nouvelle maison. Il était le seul étranger, selon Ati Kisjanto, un camarade de classe. Le soir, afin de compenser pour l'absence de Noirs dans la vie de son fils, Ann lui apportait des livres sur le mouvement pour les droits civils et des disques de Mahalia Jackson. Ses rêves d'harmonie raciale étaient simplistes. « Elle croyait que les gens étaient les mêmes sous la couleur de leur peau, affirme Obama. Elle pensait que toute forme de sectarisme était condamnable et qu'il fallait traiter tout le monde comme des individus uniques. »

En 1971, lorsque Obama a eu 10 ans, Ann l'a renvoyé à Hawaï vivre avec ses parents et faire ses études secondaires. Le jeune Barack avait obtenu une bourse lui permettant de fréquenter l'École Punahou, un prestigieux établissement privé. Cette décision déchirante démontre toute l'importance qu'Ann attachait à l'éducation. Dans son livre, Obama décrit une adolescence marquée par un sentiment d'éloignement. «Je ne ressentais pas son absence comme une privation, m'a-t-il dit. Mais quand j'y pense, je soupçonne que cela a eu plus d'impact que je ne le pense.» Un an plus tard, Ann est venue le retrouver à Hawaï, accompagnée de sa fille, mais sans son mari. Elle s'est inscrite à un programme de maîtrise pour étudier l'anthropologie indonésienne. Elle a commencé à s'affirmer. Les gens qui la connaissaient avant cette période parlent d'une femme intelligente et réservée, alors que ceux qui l'ont rencontrée par la suite la décrivent comme directe et passionnée. Le mari d'Ann lui a fréquemment rendu visite à Hawaï, mais ils n'ont plus jamais vécu ensemble (elle a demandé le divorce en 1980). Trois ans après son retour à Hawaï, elle est retournée en Indonésie faire des enquêtes sur le terrain dans le cadre de son doctorat. Obama, qui avait alors 14 ans, a préféré demeurer à Hawaï. Il en avait assez d'être «le nouveau».

EN INDONÉSIE, ANN DISAIT À SES AMIS À LA BLAGUE QUE SON FILS SEMBLAIT UNIQUEMENT intéressé par le basket-ball. «Elle désespérait de le voir un jour avoir une conscience sociale», raconte Richard Patten, un de ses collègues. Ann a commencé à travailler pour la Fondation Ford. Elle passait beaucoup de temps avec des villageois afin de mieux connaître leurs priorités et leurs problèmes. Sa maison est devenue un point de rencontre pour des gens influents et marginaux: politiciens, réalisateurs, musiciens et organisateurs syndicaux. Elle était déterminée à aider les femmes démunies. «Elle s'exprimait presque toujours de manière positive: ce que nous tentons de faire, ce que nous pouvons faire...», dit sa fille. «Elle n'était pas une idéologue, dit Obama. Je crois que je tiens cela d'elle.»

Pendant que sa mère aidait les pauvres en Indonésie, Obama tentait de faire la même chose à 11 000 km de là, comme activiste social à Chicago. Les amis d'Ann racontent qu'elle était ravie de cette orientation de carrière et commençait chaque conversation par des nouvelles de ses enfants. «Nous savions tous à quel point il était brillant», dit Georgia McCauley, une amie d'Ann.

À l'automne 1994, Ann soupait chez une amie, à Jakarta, quand elle a ressenti une douleur au ventre. Un médecin de la région a diagnostiqué une indigestion. Lorsqu'elle est retournée à Hawaï plusieurs mois plus tard, elle a appris qu'elle avait un cancer de l'utérus et des ovaires. Elle est décédée le 7 novembre 1995, à 52 ans.

Avant sa mort, Ann a lu une ébauche de l'autobiographie de son fils, qui parle presque uniquement de son père. Selon ses proches, cela n'a pas semblé la déranger. «Elle a seulement dit que c'était une chose qu'il devait régler», explique Nancy Peluso, une amie d'Ann. Obama et sa mère ne savaient pas qu'il leur restait si peu de temps, et il a déclaré que sa plus grande erreur a été de ne pas se trouver auprès d'elle lorsqu'elle est morte. Il est allé à Hawaï pour aider sa famille à disperser ses cendres dans le Pacifique. Et l'esprit d'Ann continue sûrement de vivre à travers lui. «Quand Barack sourit, dit Peluso, il a quelque chose de sa mère. Son visage s'illumine, exactement comme elle.» – *Avec l'aide de Zamira Loebis et Jason Tedjasukmana.*

— PUBLIÉ ORIGINALEMENT DANS LE *TIME*, LE 21 AVRIL 2008.

Un jeune garçon

Obama (en haut à gauche, avec son grand-père Stanley Dunham) a été élevé par ses grands-parents qui ont tenté de lui donner une éducation hawaïenne idéale comprenant des activités comme le tricycle et la baignade (en haut et au centre, à droite). Le mariage de sa mère avec l'homme d'affaires indonésien Lolo Soetoro (ci-dessus, en 1968, photo de famille incluant sa demi-sœur Maya) s'est terminé par un divorce. Le père d'Obama (à droite avec son fils de dix ans, au cours de son séjour d'un mois à Hawaï, en 1971) l'encourageait à étudier et lui transmettait des connaissances sur ses origines kényanes.

POLARIS (S)

Apprendre à gagner

*Battu à plate couture lors de sa première grande course
politique, Obama a réorganisé son équipe et a remporté
un siège au Sénat. Voici comment l'appareil politique
de Chicago lui a donné des leçons qui allaient lui permettre
d'atteindre la présidence.*

PAR MICHAEL WEISSKOPF

BARACK OBAMA ŒUVRAIT DEPUIS PEU EN POLITIQUE LORSQU'IL S'EST FAIT ÉCRASER PAR un membre chevronné du Congrès à Chicago, sur son propre terrain, en 2000. Pendant la brève période suivante, Obama hésitait quant à son avenir. Pourtant, en l'espace de quatre ans, il avait remporté un siège au Sénat américain, et à peine quatre ans plus tard, il était élu président du pays.

Comment a-t-il parcouru tout ce chemin en si peu de temps? Une grande partie de la réponse provient des leçons de ce premier échec. C'est après cette campagne, disent ses assistants et associés, qu'Obama a appris à devenir un politicien. Il s'est défait de son langage typique d'Harvard pour adopter un style plus familier. Il a appris à cultiver les gens en place sans pour autant se laisser définir par eux. Et il a appris comment présenter différentes facettes à différents publics: un réformateur guidé par un chef traditionnel de la machine démocrate; un avocat d'Harvard dont l'ascension a conquis les minorités blanches. Abner Mikva, membre du Congrès et ancien juge fédéral de Chicago, dit d'Obama qu'il a compris comment «plaire aux électeurs de différentes circonscriptions sans manquer de cohérence».

Au milieu du siècle dernier, durant la grande époque de la machine démocrate de Chicago, la politique ne s'offrait qu'à ceux qui étaient parrainés – comme en témoigne la fameuse boutade d'un chef de quartier: «Nous ne voulons pas d'une personne qui n'est pas référée.» Ce n'était plus aussi exclusif au moment où Obama est arrivé. L'organisation centralisée du parti s'était fragmentée en un groupe peu structuré de comités de district qui fonctionnaient comme des fiefs autonomes. Mais les vieilles habitudes ont la vie dure: la loyauté et la familiarité étaient récompensées par les nouveaux chefs, qui s'attendaient à ce que les derniers arrivants fassent leur part... et attendent leur tour. Cependant, Hyde Park faisait exception. Ce petit quartier mixte composé de professionnels avait une longue tradition de politique indépendante. Obama s'y est établi comme avocat nouvellement reçu et, en 1996, y a remporté ses premières élections politiques, pour représenter Hyde Park au Sénat de l'Illinois. Après trois

MARC POKEMPNER

Se faire la main
Au cours de ses premières campagnes, dont la course au Sénat de l'État dans les années 1990, Obama a commencé à peaufiner son ton et son approche.

ans à Springfield, la capitale de l'État, il s'est mis à reluquer avec impatience le siège de représentant de la Première Circonscription électorale de l'Illinois au Congrès.

La Première Circonscription se démarque par la plus longue représentation noire ininterrompue au Congrès. Depuis 1992, elle est représentée par Bobby Rush, qui avait cofondé le *Black Panther Party* de l'Illinois avant d'intégrer le courant dominant pour devenir conseiller municipal et membre d'un comité de district. Mais Rush a fait un mauvais calcul en 1999 en affrontant le maire sortant, Richard M. Daley, dans les primaires municipales, perdant même son propre district du sud de la ville. Cette erreur a fait croire à Obama qu'il pouvait le vaincre.

Au cours de sa campagne, Obama a soutenu que Rush avait échoué comme leader. Mais son discours était guindé, professoral – «plus Harvard que Chicago», dit un conseiller qui l'a vu endormir son assistance dans une église. Le problème était plus profond qu'une simple façon de s'exprimer. Obama était un étranger sur le plan culturel. «Il a étudié à Harvard et est devenu un imbécile instruit», prétendait Rush. Le fait qu'il n'avait pas grandi dans le sud de la ville suscitait la méfiance. Tout comme le fait d'avoir une mère blanche et des manières distinguées. Le premier contact d'Obama avec la politique raciale a été l'impression qu'il n'était pas suffisamment noir. «Barack est considéré par certains comme un Blanc déguisé en Noir», a déclaré le sénateur Donne Trotter à l'époque.

Son absence lors d'un important vote du Sénat de l'État sur le contrôle des armes à feu et le fait que le président Bill Clinton a publiquement appuyé Rush ont joué contre Obama. Finalement, Rush a raflé 61 % des votes, comparativement à 30 % pour Obama. Ce dernier a perdu les districts majoritairement noirs par quatre contre un. Il a déclaré à une cinquantaine de partisans, lors de la soirée d'élection du mois de mars : «Je dois avouer que gagner est plus agréable que perdre.»

IL EST SORTI DE CETTE CAMPAGNE AVEC 60 000 $ US DE DETTES ET INCERTAIN QUANT À SON avenir. Mais Obama, alors âgé de 38 ans, s'est relevé de ses cendres et a entrevu une issue. Le seul district qu'il avait remporté était le 19e, composé majoritairement de Blancs de la classe ouvrière et d'Irlandais catholiques, ce qui laissait pressentir qu'il pouvait toucher un électorat plus large parmi les Blancs. Mais s'il faisait le saut, il aurait besoin de l'aide d'hommes comme Emil Jones. Ancien inspecteur d'égout de Chicago, cet Afro-Américain magouilleur avait gravi les échelons de l'appareil démocrate pour devenir président du Sénat de l'Illinois en 2003. Au début de l'année, il a rencontré Obama en privé au siège de la législature. Obama avait trouvé le défi politique qu'il lui fallait : le siège de l'Illinois au Sénat des États-Unis, occupé par un Républicain, allait faire l'objet d'une élection en 2004. Pour réussir, Obama devait surmonter ses deux faiblesses de 2000 : un soutien inégal parmi les Noirs de la classe ouvrière et l'absence d'appui des réguliers du parti. Jones détenait la clé pour résoudre ces deux problèmes. Obama lui a dit : «Vous avez le pouvoir de faire élire un sénateur au Congrès américain.» Jones l'a écouté et lui a répondu : «D'accord, allons-y !»

En appuyant Obama dès le début, Jones a bloqué les appuis vitaux de ses rivaux. Le candidat Blair Hull, qui a fait fortune dans le courtage de valeurs mobilières, pouvait compter sur l'appui du gouverneur, Rod Blagojevich, dont il avait contribué à financer la victoire en 2002. Mais, comme l'a dit Jones, «le gouverneur a besoin d'appui pour ses initiatives législatives et ne va sûrement pas courir le risque de s'aliéner mon soutien.» Blagojevich est demeuré neutre. Dan Hynes, contrôleur de l'Illinois, fils d'un ancien président du Sénat de l'État et proche allié de Daley, était le candidat favori. L'organisation syndicale AFL-CIO s'apprêtait à appuyer le jeune Hynes. Jones a téléphoné à sa présidente : «Si vous poursuivez dans cette voie, vous allez me perdre.» Le syndicat s'est ravisé, donnant à Jones et Obama le temps nécessaire pour obtenir le soutien de syndicats affiliés représentant un grand nombre de membres noirs.

Comme Hull et Hynes allaient probablement se partager le vote blanc, Obama allait avoir besoin de l'appui général des Afro-Américains. Après sept ans à Springfield, Obama était davantage connu pour voter des réformes éthiques plutôt que des lois touchant la justice sociale. Toutefois, Jones était maintenant aux commandes du Sénat et a choisi Obama pour mettre de l'avant (et s'en attribuer le mérite) des lois réclamées depuis des années par la communauté noire : la réforme de la peine de mort, des crédits d'impôt plus importants pour les travailleurs pauvres et une mesure pour éliminer le profilage racial.

Entre-temps, Obama a délaissé son style guindé. Dan Shomon, son directeur de campagne contre Rush, croit qu'il a maîtrisé l'art de parler en public dans les multiples églises noires qu'il a visitées en 2000, absorbant le rythme et les figures de style des pasteurs, et observant la réaction de leurs congrégations. Il a fait valoir sa foi chrétienne et a pris soin de mentionner souvent son propre pasteur, Jeremiah Wright, qui allait plus tard susciter la controverse durant la course à la présidence. Et il a mis de côté certaines parties de son passé pour accroître le soutien de l'électorat blanc. Son ascension d'un milieu modeste au pinacle de l'éducation américaine a trouvé un écho dans les luttes et difficultés des gens ordinaires.

Bien qu'Obama n'ait pu obtenir le soutien de la machine politique des Daley – qui allait appuyer Hynes –, il a astucieusement planté quelques graines en prévision de l'avenir. Il a écrit à Bill Daley, démocrate de longue date, pour lui dire que ses raisons étaient tout à fait justifiées de soutenir son fidèle ami Hynes, mais qu'il espérait l'avoir de son côté s'il remportait les primaires.

Obama faisait de la politique politicienne de haut niveau et devait créer une organisation pour le soutenir financièrement. Lors de sa défaite de 2000, il avait amassé 600 000 $ US, une somme étonnante pour un candidat débutant au Congrès. Il a lancé un défi à Marty Nesbitt, un collecteur de fonds : « Si vous amassez quatre millions, j'ai 40 % de chances de remporter la victoire. Si vous amassez 10 millions, je vous garantis que je vais gagner. » Comme le dit Nesbitt : « Il fallait qu'il ait assez d'argent pour faire passer son message. »

Obama avait trouvé un riche filon de contributions politiques dans l'élite noire du milieu des affaires de Chicago. Il a ensuite offert à Tony Rezko, truculent magnat de l'immobilier à Chicago, de faire partie de son comité financier. Mais pour amasser 10 millions, il devait convaincre à sa cause les plus grands donateurs politiques de la ville, lesquels, pour la plupart, n'avaient jamais eu de contact avec lui. Par contre, certains connaissaient son cercle d'amis noirs. Nesbitt était proche de Penny Pritzker, du clan de l'Hôtel Hyatt, et lui a parlé des projets d'Obama. Pritzker a d'abord été sceptique – « Ne vient-il pas de perdre contre Bobby Rush au Congrès ? » –, mais a fini par accepter d'entendre les arguments d'Obama. Au cours d'une fin de semaine à sa maison de campagne du Michigan, il est parvenu à la convaincre. Il venait de se faire une alliée dont le fichier Rolodex contenait les noms des personnes les plus influentes de Chicago, autant dans le monde des affaires que dans les milieux culturel, juif et philanthropique. Elles l'ont aidé à récolter près de six millions de dollars dans les primaires.

Le saut d'Obama vers le Sénat américain allait s'avérer une victoire facile. Ses rivaux démocrates se sont entre-déchirés, lui permettant d'adopter une conduite irréprochable. Cette course fut une véritable débâcle. Obama a raflé près de 53 % des votes dans une lutte à trois. Il a ensuite écrasé le républicain Alan Keyes et remporté le siège. Les germes de son avenir politique ont été plantés durant cette campagne. Lors de la célébration de sa victoire en mai 2004, il a souligné l'improbabilité du triomphe d'un « maigrichon de South Side portant le nom bizarre de Barack Obama ». Puis il a répété la phrase-clé de ses messages publicitaires : « Oui, nous pouvons » (*Yes, we can*).

—PUBLIÉ ORIGINALEMENT DANS LE *TIME*, LE 19 MAI 2008

21 avril 2008 · Près des gens

Obama entre dans un restaurant de Scranton pour saluer les habitants de la région, dont ce petit garçon au regard curieux, la veille des primaires de la Pennsylvanie.

4 juillet 2008 · Et ça tourne !

Même au plus fort de la campagne, la famille a connu
des moments de divertissement, comme lors de ce pique-nique
du Jour de l'indépendance, à Butte, au Montana.

19 avril 2008 · Séance de signatures
*Au cours d'un trajet en train à travers la Pennsylvanie,
Obama prend quelques minutes pour autographier
des exemplaires de son livre à la gare de Lancaster.*

3 juin 2008 · C'est gagné !

Pratiquement assuré d'obtenir l'investiture
du Parti démocrate, Obama passe un moment
avec Michelle avant de faire face à la foule,
à l'aréna Xcel de St. Paul, au Minnesota.

18 octobre 2008 · Pour le changement

Obama salue les quelque 100 000 personnes réunies sous
le Gateway Arch, à St. Louis, au Missouri. Ce fut l'assistance la plus
nombreuse venue l'entendre au cours de sa campagne.

CHANGE
WE CAN
BELIEVE IN
BarackObama.com

6 janvier 2008 · Le repos du guerrier

*Au milieu d'une journée chargée au New Hampshire,
Obama fait une petite sieste dans son autobus de campagne
qui se dirige vers un autre rassemblement.*

Une étoile est née

*Lors du Congrès du Parti démocrate en 2004,
Obama s'est présenté à la nation et a ébloui les téléspectateurs
par son discours passionné et rempli d'espoir sur le thème
d'une « Amérique unie ».*

PAR AMY SULLIVAN

D'AUTRES CARRIÈRES POLITIQUES ONT ÉTÉ LANCÉES DURANT DES CONGRÈS NATIONAUX. Hubert Humphrey était maire de Minneapolis lorsqu'il a invité les démocrates, durant leur congrès de 1948, à défendre la cause des droits civils. Ronald Reagan était encore un acteur quand il a galvanisé le congrès du Parti républicain avec un discours appuyant la candidature de Barry Goldwater, en 1964. Mais il a fallu 20 ans à Humphrey pour devenir candidat à la présidence et 16 ans à Reagan pour recevoir l'investiture de son parti.

Puis il y a eu «Le Discours» – l'allocution de Barack Obama en 2004 lors du Congrès du Parti démocrate à Boston; celui qui l'a propulsé sur sa trajectoire politique vers la Maison-Blanche.

Obama était sénateur d'État quand il a prononcé ce discours au Congrès. Lors du rassemblement de 2000, il n'avait même pas obtenu l'appui de la délégation de l'Illinois. Pourtant, en 2004, Mary Beth Cahill, la directrice de campagne de John Kerry, l'a choisi comme conférencier invité. Il lui fallait quelqu'un capable d'électriser les électeurs. Lors d'une apparition publique avec Kerry à Chicago le printemps précédent, Obama avait volé la vedette.

Il a donné à Boston le discours de sa vie. Il était remarquablement décontracté lors de sa première apparition nationale, encouragé par les applaudissements, et improvisant comme s'il avait fait cela toute sa vie. Et il a démontré un prodigieux talent pour la rédaction de discours. Sachant que la plupart des électeurs n'avaient jamais entendu parler de lui, Obama a ingénieusement ébauché les grandes lignes de son histoire personnelle complexe. Il a évoqué son amour pour sa famille mais, lorsqu'il a mentionné que ses deux parents étaient morts, il a semblé se présenter à la fois comme un orphelin et un «enfant du pays». «Mon histoire n'aurait été possible dans aucun autre pays de la planète», a-t-il dit.

Après avoir établi comment un «maigrichon au nom bizarre» pouvait comprendre les Américains de tous les horizons, Obama a ensuite parlé du rôle de chacun et de l'État dans l'amélioration de la société. Le gouvernement a des responsabilités, a-t-il soutenu, mais c'est aussi le cas des parents et des

Le clou du spectacle

Obama a montré une vision optimiste des États-Unis et a mis ses concitoyens au défi d'avoir l'audace de le suivre.

collectivités. «Les parents ont un rôle d'éducateurs. Leurs enfants ne peuvent réussir si on n'élève pas les attentes, si on n'éteint pas les téléviseurs et si on n'éradique pas cette calomnie affirmant qu'un jeune Noir avec un livre se prend pour un Blanc.» C'était un message puissant, surtout de la part d'un politicien noir, et Obama montrait aux téléspectateurs blancs qu'il n'était pas de l'école véhémente et fractionniste de Jesse Jackson ou Al Sharpton.

Il a parlé avec passion d'«une Amérique». Bien que l'idée de «deux Amériques» ait été un argument-clé de la campagne Kerry-Edwards, Obama a présenté sa vision, plus positive et unifiée, partiellement communautariste – je suis le gardien de mon frère, je suis le gardien de ma sœur – et partiellement critique à l'endroit des idéologues de droite et de gauche. «Il n'y a pas une Amérique libérale et une Amérique conservatrice, a insisté Obama. Il y a les États-Unis d'Amérique.»

Il a terminé par un message d'espoir retentissant: «Voulons-nous participer à une politique de cynisme ou une politique d'espoir?» «D'espoir!» ont répondu les spectateurs d'un seul cri. «L'espoir, a-t-il conclu, est le plus beau cadeau de Dieu. C'est la base de cette nation, la croyance en ce qu'on ne voit pas, la conviction que des jours meilleurs nous attendent.»

Obama voulait mesurer l'audace de ses concitoyens. Et il a gagné son pari. Tout au long de la campagne de 2008, des partisans de tous les coins du pays ont affirmé que cette soirée avait été le moment où ils avaient décidé d'appuyer cet homme dont ils ne pouvaient pas encore prononcer le nom. Le 4 novembre, une majorité d'Américains ont choisi l'espoir.

Vaincre Hillary

*En créant une nouvelle machine politique, Obama est devenu
le premier insurgé démocrate en plusieurs décennies à détrôner
un favori. Dans une entrevue exclusive, il décrit son parcours
vers une victoire historique.*

PAR KAREN TUMULTY

BARACK OBAMA FAISAIT CAMPAGNE EN CAROLINE DU SUD EN OCTOBRE 2007 QUAND IL reçut un appel urgent de Penny Pritzker, l'héritière d'une chaîne hôtelière qui dirigeait le comité financier de sa campagne. Près de 200 de ses principaux collecteurs de fonds devaient se rencontrer à Des Moines, en Iowa, et un sentiment de panique s'était installé parmi eux. L'équipe de Pritzker avait amassé des fonds à une vitesse inégalée par toute autre campagne. Son candidat attirait des foules considérables partout où il allait. Et pourtant, il se situait toujours à au moins 20 points derrière Hillary Clinton dans les sondages. Son type de politique «au-dessus de la mêlée» ne suffisait pas, et certains de ses principaux donateurs insistaient pour qu'il modifie sa stratégie, qu'il réorganise son équipe et qu'il fasse une campagne plus négative. «Vous feriez mieux de venir, a dit Pritzker à Obama. Et vite!»

Obama fit une apparition imprévue le dimanche soir et demanda un vote à main levée. «À combien de personnes dans cette pièce ai-je dit que cela allait être facile? a-t-il dit à son comité financier. Si l'un de vous a signé en pensant que ce serait facile, alors je ne me suis pas bien fait comprendre.» Une victoire au caucus électoral de l'Iowa en janvier, a-t-il promis, lui donnerait assez de vent en poupe pour gagner dans l'ensemble des États – mais ses partisans ne verraient pas beaucoup de progrès avant cette date. «Nous affrontons la plus redoutable équipe depuis 25 ans, a-t-il ajouté. Mais nous avons un plan, et il ne faut pas perdre confiance.»

Cette confiance a été récompensée. La campagne présidentielle de 2008 a réservé sa part de surprises, mais une des plus importantes fut qu'un nouveau venu de Chicago réussisse à mettre sur pied la meilleure opération politique jamais vue par les deux partis. La campagne d'Obama était une de ces rares machines sans frictions qui fonctionnait avec l'énergie d'une insurrection et l'efficacité d'une entreprise. Son équipe était dépourvue de ce qui caractérisait ses rivaux: pas de réorganisation interne, de crise financière, de changement de stratégie, ni de dissensions apparentes. Même son slogan «Le changement auquel nous pouvons croire» (*Change we can believe in*) s'est maintenu tout au long de la course.

Comment y est-il parvenu? Comment Obama est-il devenu le premier insurgé démocrate en une génération ou davantage à renverser le favori de l'élite du parti? Affronter une organisation aussi

En route vers la victoire

Deux mois avant l'important caucus électoral de l'Iowa, Obama a rencontré les habitants de Burlington pour leur présenter sa vision des États-Unis.

redoutable que celle de Clinton, a affirmé Obama dans une entrevue en juin, était libérateur. «Je sentais que nous pouvions tenter des choses avec une approche différente, et construire une organisation qui refléterait ma personnalité et ma perception de ce que le pays recherchait. Nous n'avions pas à désapprendre toutes sortes de mauvaises habitudes.»

Le 3 janvier 2007, deux semaines avant d'annoncer la création du comité exploratoire en vue de sa candidature, Obama a recruté Betsy Myers pour le diriger. Lors de leur première rencontre à son bureau du Sénat, il lui donne des consignes précises: diriger avec respect, construire à partir de la base et, enfin, éviter les drames. Myers a été frappée de voir avec quel soin il avait étudié les deux campagnes de George W. Bush. «Il a dit qu'il voulait mener sa campagne comme une entreprise», dit Myers. Et dans toute bonne entreprise, le client est roi. Dès le début, avant d'avoir les ressources pour faire davantage, la campagne a eu recours à l'impartition pour son «service à la clientèle», de façon à ce que quiconque téléphonerait, à toute heure du jour et de la nuit, puisse trouver une voix humaine au bout du fil.

Pendant ce temps, à Chicago, le quartier général d'Obama faisait de la technologie son alliée. Et pas seulement pour la collecte de fonds. État après État, l'équipe remettait sa liste d'électeurs – normalement aussi jalousement surveillée que les joyaux de la couronne – à des bénévoles, qui utilisaient leurs propres ordinateurs portables et les minutes illimitées des forfaits de leurs téléphones cellulaires pour communiquer avec chaque personne, et ainsi former une organisation politique de la base au sommet. «Les outils étaient là, et ils s'en sont servis pour construire, dit Joe Trippi, qui a dirigé la campagne d'Howard Dean en 2004. Sous bien des aspects, la campagne de Dean s'apparente aux frères Wright. Quatre ans après, nous assistions au projet Apollo.»

Même Obama admet qu'il ne s'attendait pas à ce qu'Internet soit un tel allié. «Ce que je n'avais pas prévu, c'est à quel point Internet nous permettait d'exploiter efficacement cette base populaire, autant sur le plan financier que sur celui de l'organisation, dit Obama. Cela, je pense, a été une des plus grandes surprises de la campagne: voir notre message relayé par les réseaux sociaux et la puissance du Web.» Mais trois autres éléments allaient jouer un rôle crucial pour faire d'Obama le candidat désigné du Parti démocrate.

UN NOUVEAU PARTI

Dans la plupart des élections, le caucus électoral de l'Iowa constitue une particularité. Y faire campagne est une entreprise compliquée et exigeante, laquelle, une fois terminée, est rejetée comme une exception et n'est plus jamais répétée. Toutefois, en 2008, cet État devint un terrain d'essai pour une organisation axée sur la jeunesse et alimentée par la technologie, ainsi qu'un modèle pour les nombreuses victoires qui allaient suivre. C'était également une campagne qui défiait l'histoire. La règle en Iowa était que les participants aux caucus électoraux soient toujours du même type d'une année à l'autre: des gens plus âgés, des chefs de famille syndiqués, des inconditionnels du parti – le genre de personne plus encline à appuyer Clinton ou John Edwards –, qui s'aventuraient dans la nuit froide pour glaner quelques heures de conversation politique. Au lieu de cela, Obama a vu l'Iowa comme une occasion d'enfoncer un pieu dans la candidature apparemment inévitable de Clinton. «La mission numéro un était de dépasser Clinton en Iowa, se souvient David Plouffe, le directeur de campagne d'Obama dans cet État. Si nous n'avions pas réussi cela, il aurait été difficile de la bloquer par la suite.»

Mais le fait de compter sur de nouveaux électeurs s'était avéré désastreux pour Dean en 2004. Selon Plouffe, l'équipe d'Obama savait qu'elle devait créer un réseau de partisans en Iowa plutôt que de faire venir des sympathisants d'ailleurs au pays. « Nous n'avions pas à accepter l'électorat tel qu'il était », ajoute-t-il. Au fond, Obama a construit un nouveau parti en 2008. Ce n'était pas facile. Ce n'est qu'au matin des caucus électoraux que la campagne a atteint l'objectif visé pour la victoire : 97 000 électeurs de l'Iowa qui promettaient de soutenir Obama. La véritable question demeurait : ces personnes iraient-elles voter ?

Pour voter, oui, elles y sont allées ! Ce fut un taux de participation record. Obama a battu Edwards par une différence surprenante de huit points (Clinton a terminé troisième). Il considère ce succès en Iowa comme sa plus grande victoire, celle qui laissait présager la suite. « Les électeurs de moins de 30 ans ont participé en aussi grand nombre que ceux de plus de 65 ans, dit-il. Cela ne s'était jamais produit auparavant. Une chose dont je suis encore très fier, c'est cette façon dont nous avons augmenté les inscriptions sur les listes électorales dans chaque État où nous avons fait campagne. »

La stratégie de l'Iowa, comme tout le monde allait l'apprendre par la suite, n'a pas toujours fonctionné. Lors des primaires et des caucus électoraux du Texas le printemps dernier, par exemple, l'opération populaire comptait sur plus d'électeurs afro-américains que le nombre qui s'est présenté aux urnes. Dans les primaires de la Californie, lors du Super Mardi du 5 février, les organisateurs s'attendaient à plus de participation de la part des jeunes électeurs. Bien qu'Obama ait rarement réussi à l'emporter haut la main sur Clinton dans les plus grands États, il a continué de rallier des délégués, même lorsqu'il perdait les primaires. En avril, il était déjà mathématiquement impossible pour Clinton de le rattraper.

LA CAMPAGNE DES PORTE-CLÉS

L'homme d'affaires Kirk Dornbush, d'Atlanta, a amassé des millions de dollars pour le Parti démocrate et ses candidats au cours des 16 dernières années. Avant que les lois sur le financement des campagnes électorales n'interdisent les fonds flous non réglementés, il se souvient de moments où il se promenait avec des chèques à six chiffres dans les poches de son veston. Cependant, ces jours-ci, il mène sa collecte de fonds d'une façon beaucoup plus humble, en vendant des porte-clés à 3 $ US et des t-shirts à 25 $ US aux rassemblements pour Obama. À la première table de marchandises qu'il a installée lors d'une manifestation en Georgie, il a tout vendu : « Les gens attendaient en file. C'était incroyable. »

L'expérience vécue par Dornbush explique le deuxième changement fondamental qu'Obama a apporté à la politique : sa campagne était créée à partir de la base. Même la collecte de fonds, autrefois le domaine des riches en politique, est devenue un outil organisationnel du mouvement populaire. À pratiquement chaque rassemblement, l'équipe d'Obama a installé des petits kiosques de vente de babioles, appelés « boutiques d'amis ». En effet, tous ces petits objets à l'effigie du candidat n'étaient pas uniquement des souvenirs ; ils servaient aussi d'appât. Chaque acheteur d'un macaron ou d'un chapeau était inscrit comme donateur pour la campagne. Le but réel de l'opération « amis » : créer une liste d'adresses de courriel de sympathisants.

Une autre innovation a caractérisé cette collecte de fonds. Normalement, seuls les principaux contributeurs obtiennent du temps avec un candidat. Mais Obama a consacré une plus grande partie de son temps à des manifestations modestes. Au Kentucky, le mois suivant l'annonce de sa participation aux primaires présidentielles, le premier de ces rassemblements, dont les 3 200 billets à 25 $ US pièce se sont rapidement envolés, a donné le coup d'envoi à un réseau d'organisations locales. Matthew Barzun, 37 ans, entrepreneur en publication Internet et collecteur de fonds de Louisville, organisa le rassemblement. « C'est la différence entre la chasse et l'agriculture. On plante une graine et on obtient beaucoup plus. » Telle était sa vision.

Obama utilise un autre cadre de référence : « En tant qu'ancien activiste social, j'étais convaincu que si nous invitions les gens à s'engager, si nous ne faisions pas campagne comme si nous vendions du savon, mais plutôt en disant : "C'est votre campagne, elle vous appartient, vous en faites ce que vous voulez", les gens réagiraient favorablement et nous pourrions créer une nouvelle carte électorale. » Grâce aux « boutiques d'amis », à l'obsession pour les courriels et à la façon dont les organisations pro-Obama surgissaient dans presque toutes les circonscriptions, quand les organisateurs arrivaient dans un État, il ne leur restait plus qu'à mettre en marche un moteur déjà conçu et construit localement. « Nous devions compter sur le mouvement populaire, c'était clair dès le début », affirme Plouffe.

Au contraire, la campagne d'Hillary Clinton, qui avait débuté avec des ressources supérieures et une armure d'inévitabilité, était une opération à l'approche directive. La prise de décision incombait à une bande d'assistants de longue date, et les organisateurs sur le terrain recevaient souvent des messages contradictoires du quartier général. Les décisions d'« Hillaryland » arrivaient souvent trop tard pour qu'ils puissent les exécuter. La philosophie de la base au sommet signée Obama permet aussi d'expliquer pourquoi il a pu remporter les États à caucus électoraux nécessitant une grande organisation, si cruciaux pour obtenir une avance définitive parmi les délégués déclarés. Plusieurs ont décrié le fait que Clinton dépensait de grosses sommes dans chaque État où elle faisait campagne, alors que l'approche d'Obama permettait d'économiser de l'argent. Comme le dit Trippi, qui avait dirigé la campagne de Dean : « Ses bénévoles organisaient gratuitement ses victoires aux caucus électoraux. »

AVEC OBAMA, PAS DE DRAME

L'équipe formée par Obama était un mélange de gens qui, pour la plupart, n'avaient jamais travaillé ensemble auparavant, mais agissaient comme si c'était le cas. Certains, comme le stratège principal David Axelrod et la conseillère Valerie Jarrett, venaient de Chicago et l'avaient conseillé lors de campagnes précédentes. Plouffe, l'associé d'Axelrod, avait travaillé pour la campagne de Dick Gephardt, l'ancien chef des démocrates à la Chambre. Le directeur-adjoint de la campagne, Steve Hildebrand, chargé de l'organisation de terrain, avait fait partie de l'équipe de Tom Daschle, ancien chef de la majorité démocrate au Sénat. Pete Rouse, l'ancien chef de cabinet de Daschle, jouait le même rôle au bureau d'Obama au Sénat, où le candidat a également recruté le directeur des communications, Robert Gibbs, qui avait brièvement travaillé pour John Kerry. Obama a aussi puisé dans le milieu des affaires, confiant des postes-clés à des cadres qui avaient travaillé chez Orbitz, McDonald's et d'autres entreprises.

Et pourtant, selon Obama, ils avaient tous la même philosophie. « Comme je n'étais pas le favori, explique-t-il, cela signifiait que les gens prêts à s'engager dans cette campagne croyaient vraiment en ce qu'elle mettait de l'avant. Il ne s'agissait pas de mercenaires venus se greffer à une campagne. » Leur tempérament était également un facteur : « Il était très important d'avoir une équipe harmonieuse, un groupe de personnes prêtes à collaborer au lieu d'être sur la défensive. »

Comme l'équipe entourant Bush, celle d'Obama cachait bien son jeu. Les fuites étaient rares, et Plouffe gardait un œil vigilant sur l'utilisation de tous les millions amassés par Obama. Prenons les salaires : le porte-parole de Clinton, Howard Wolfson, recevait presque deux fois plus par mois – 266 000 $ US allaient à son entreprise, selon les déclarations de Clinton pour le mois de janvier – que ce qu'avait gagné Gibbs en un an (144 000 $ US). Les employés d'Obama devaient partager des chambres d'hôtel lorsqu'ils étaient sur la route. Ils se faisaient rembourser s'ils prenaient le métro (environ 2 $ US) pour aller de l'Aéroport international O'Hare au quartier général de la campagne, au centre-ville de Chicago, mais pas s'ils prenaient un taxi (50 $ US). On demandait aux bénévoles d'apporter leurs repas avec eux lorsqu'ils faisaient du porte-à-porte.

Un seul gagnant
Clinton et Obama discutent à Washington, peu de temps avant qu'elle ne s'avoue vaincue.

Certains doutaient qu'une équipe dépendant du soutien populaire réussisse contre le genre d'opération qui avait fait voter la base traditionnelle républicaine quatre ans auparavant. Selon le directeur de campagne de John McCain, Rick Davis, ce qui avait permis à Obama d'obtenir l'investiture démocrate ne fonctionnerait pas comme stratégie d'élection générale. Il affirma que la campagne d'Obama serait faible contre l'appui dont bénéficiait McCain auprès des électeurs indépendants et modérés de nombreux États-clés. Mais en comparaison avec celle de McCain, la campagne d'Obama était un modèle d'efficacité et d'exécution. L'homme de Chicago a changé la façon dont on fait de la politique aux États-Unis. À la suite de son spectaculaire discours de la victoire à St. Paul, au Minnesota, après avoir rallié suffisamment de délégués pour obtenir l'investiture de son parti, Obama est descendu de la scène et a passé 45 minutes à signer des dizaines et des dizaines d'exemplaires de son livre, que des admirateurs avaient apporté au centre Xcel. Après avoir fini, il aperçut Kirk Dornbush et lui dit : « Profite bien de la fête ce soir. » Puis il fit quelques pas, s'est retourné et ajouta : « Mais on se remet au travail demain matin. »

—Publié originalement dans le *Time*, le 16 juin 2008

L'audition outre-mer

La tournée mondiale d'Obama devait servir à prouver qu'il pouvait être commandant en chef. Le point culminant fut son discours à Berlin, critiqué aux États-Unis, mais applaudi en Allemagne par une foule fervente de 200 000 personnes.

PAR KAREN TUMULTY

AFFIRMANT QU'IL ÉTAIT VENU À BERLIN «NON COMME UN CANDIDAT À LA PRÉSIDENCE, mais comme un citoyen, un fier citoyen des États-Unis et un concitoyen du monde», Barack Obama a prononcé un discours enflammé le 24 juillet 2008. Son allocution évoquait les célèbres discours prononcés dans cette ville: celui où John F. Kennedy avait fait cause commune avec les Berlinois contre l'oppression communiste en 1963 et celui où Ronald Reagan avait souhaité la chute du mur de Berlin près de 20 ans auparavant. «Le plus grand danger est de permettre à d'autres murs de nous diviser», a déclaré Obama, acclamé par une assistance estimée par la police berlinoise à plus de 200 000 personnes. Cette foule rassemblée dans le parc du centre de la ville s'étirait jusqu'à la Porte de Brandebourg, à 1,5 km de là, le lieu même où Reagan s'était adressé aux Berlinois.

Le discours d'Obama au pied de la Colonne de la Victoire fut un reproche plus ou moins voilé à la politique étrangère de type «cavalier seul» du président Bush. Le sénateur disait regretter que les Américains et les Européens «se soient éloignés les uns des autres et aient oublié leur destin commun, au lieu de se considérer mutuellement comme des alliés qui s'écoutent, apprennent les uns des autres et surtout, se font réciproquement confiance.» Il ajouta: «Je sais que mon pays n'est pas parfait. Nous avons fait notre part d'erreurs, et il y a eu des moments où nos actions dans le monde n'étaient pas à la hauteur de nos meilleures intentions.»

S'il est difficile de percevoir la différence entre le premier voyage d'Obama à l'étranger, après avoir reçu l'investiture démocrate, et une véritable visite officielle par un président en fonction, eh bien, c'est là toute l'astuce! Obama s'est arrêté en Afghanistan, en Irak, en Jordanie, en Israël et en Cisjordanie avant de se diriger vers l'Allemagne, la France et l'Angleterre. Il y avait d'extraordinaires mesures de sécurité à chaque étape: la police de Bagdad a établi de nouveaux barrages routiers et postes de contrôle pour protéger la capitale irakienne durant son séjour. Il y avait une mise en scène élaborée: lors d'une

Bonjour, Berlin
Comme Kennedy et Reagan avant lui, Obama a enflammé une énorme foule en Allemagne.

conférence de presse dans un poste de police de Sderot, en Israël, Obama était entouré de centaines d'obus de mortier, empilés en guise de rappel silencieux des attaques, en provenance de la bande de Gaza voisine. Et il y avait des moments intimes et personnels qui pèseront peut-être un jour dans la balance : après avoir reçu Obama à souper dans son palais d'Amman, le roi Abdallah II de Jordanie sauta dans sa Mercedes pour conduire lui-même son invité à l'aéroport. Pour ce voyage, Obama volait à bord d'un Boeing 757 réaménagé à son intention.

Pour les électeurs américains, cette tournée était une occasion d'évaluer comment le sénateur de l'Illinois, avec relativement peu d'expérience à Washington, se comporterait sur la scène internationale. Pour éviter que les électeurs perçoivent ce voyage comme un geste présomptueux, Obama passa une grande partie de son séjour en Irak et en Afghanistan en compagnie de deux autres sénateurs pourvus d'une solide expérience militaire.

Mais c'est son passage à Berlin qui a procuré les moments les plus inoubliables et controversés. Plus de cinq heures avant son arrivée, les Berlinois se sont amassés pour l'entendre. L'équipe de McCain, frustrée par l'omniprésence médiatique d'Obama, s'est empressée d'émettre un communiqué dénigrant sa tournée mondiale : « Pendant que Barack Obama effectue un tour de la victoire prématuré au cœur de Berlin et se proclame "citoyen du monde", John McCain continue de présenter ses arguments auprès des citoyens américains qui décideront de l'issue de cette élection. » Et finalement, ils ont choisi Obama.

— PUBLIÉ ORIGINALEMENT DANS *TIME.COM*, LE 24 JUILLET 2008

16 octobre 2008 · Une conduite exemplaire

Le lendemain de leur dernier débat, Obama et McCain
ont assisté à un souper-bénéfice à New York,
où ils se sont disputé l'attention du cardinal Edward Egan.

19 avril 2008 · Tournée éclair

*Les partisans saluent le train de campagne qui quitte Downington,
en Pennsylvanie. Obama allait plus tard être vaincu par
Hillary Clinton lors des primaires de cet État.*

25 août 2008 · Rivés à la télé

*Le premier jour du Congrès démocrate, Obama regarde
la retransmission télévisée du discours de sa femme en compagnie
de la famille Girardeau, à Kansas City, au Missouri.*

22 avril 2008 · À un cheveu de la victoire

*Se démenant pour les derniers votes le jour des primaires
de la Pennsylvanie, Obama et Michelle posent pour une photo
dans un salon de coiffure de Philadelphie.*

31 mai 2008 · Visite-surprise

Durant une promenade impromptue après une assemblée publique à Aberdeen, dans le Dakota du Sud, Obama surprend une famille devant sa maison.

16 octobre 2008 · Le premier couple

*Moins de trois semaines avant l'élection, Obama
et Michelle s'accordent une pause pour assister
en coulisse à un concert-bénéfice de Bruce Springsteen
et Billy Joel, à New York.*

Prêt à diriger

*Obama a battu John McCain parce qu'il a atténué son style
pompeux et projeté une image de calme et de sagesse que les
Américains souhaitent voir chez un président.*

PAR JOE KLEIN

L E GÉNÉRAL DAVID PETRAEUS A DÉPLOYÉ D'IMMENSES EFFORTS LORSQU'IL A RENCONTRÉ Barack Obama et deux autres sénateurs à Bagdad en juillet dernier. Il savait que l'aspirant président préconisait un calendrier de 16 mois pour le retrait de la plupart des troupes américaines d'Irak, et il voulait présenter ses meilleurs arguments contre ce scénario. Après avoir décrit la situation sur le terrain en détail, il a conclu en plaidant pour une souplesse maximale dans le futur déroulement des opérations.

Obama a eu le choix à ce moment-là. Il pouvait remercier Petraeus de ces informations et promettre de considérer ses arguments avec soin, ou il pouvait lui dire ce qu'il pensait réellement – une décision potentiellement risquée, surtout avec un général peu habitué à se faire contredire. Obama a choisi de s'exprimer avec franchise : « Vous savez, si j'étais à votre place, je proposerais les mêmes arguments. Votre travail est de réussir en Irak, en obtenant le meilleur résultat possible. Mais mon rôle en tant que commandant en chef potentiel est de considérer vos recommandations et intérêts à travers le prisme de la sécurité nationale globale. » Il a ensuite parlé de la dégradation de la situation en Afghanistan, des coûts financiers de l'opération irakienne et de la pression subie par l'armée.

Une discussion « animée » a suivi, d'après un témoin qui se trouvait dans la même pièce. « Ce n'était pas une récitation superficielle point par point. » Selon Obama et Petraeus, la rencontre s'est terminée sur une note cordiale. Petraeus a dit comprendre que la perspective d'Obama devait nécessairement être plus stratégique ; Obama a admis que le calendrier devait manifestement être souple. Mais le sénateur avait révélé ses intentions : s'il était élu président, c'est lui qui serait aux commandes. Contrairement à George W. Bush, qui avait donné à Petraeus tous les pouvoirs sur la guerre – une concession sans précédent de la responsabilité présidentielle –, Obama insisterait sur le respect rigoureux des voies hiérarchiques.

Un moment décisif
Au début de la crise financière, c'est le calme instinctif d'Obama qui a gagné la confiance du public.

Obama a progressé tout au long de la campagne grâce à son tempérament calme et judicieux vis-à-vis de la prise de décision, ses qualités les plus connues. Mais un candidat doit prendre des milliers de décisions instantanées au cours d'une campagne – comme choisir de parler franchement à un général – et ce fut un parcours souvent difficile pour Obama, puisqu'il est plus à l'aise quand il a le temps de peser le pour et le contre. «Il a appris à faire confiance à son instinct, m'a dit un de ses conseillers. C'est le plus grand changement que j'ai observé chez lui.»

J'ai interrogé Obama au sujet de ces décisions impromptues, un soir, à bord de son avion, 17 jours avant l'élection. Il était fatigué. Avec ses cheveux parsemés de gris, il ne semblait plus aussi jeune que lors de notre première rencontre, quatre ans auparavant. Pourtant, il paraissait détendu, imperturbable devant l'imminence du vote. Ce fut une conversation informelle mais intense. Il semblait se concentrer plutôt que de réciter des arguments. Il a pris le temps de réfléchir à ma question sur les décisions impromptues. Selon lui, la première décision importante de ce genre a été sa réaction aux extraits vidéo provocants des sermons du révérend Jeremiah Wright, défenseur du nationalisme noir. «Mon instinct me disait qu'il s'agissait là d'un "moment pédagogique", dit-il au sujet du discours historique sur les relations raciales qu'il a prononcé à Philadelphie. Si je tentais de limiter les dégâts de la façon habituelle, au lieu de m'adresser aux Américains comme à des adultes capables de comprendre les complexités des questions raciales, je nuirais non seulement à la campagne, mais je raterais une belle occasion de jouer un rôle de meneur.»

Bien qu'Obama ait opté pour une voie plutôt traditionnelle au cours de sa campagne, ses moments les plus forts se sont produits quand il a suivi son inclination à ne pas faire de drame. Cette attitude était parfois déroutante pour plusieurs de mes collègues et moi-même: son extrême prudence au cours des débats, sa décision de ne pas décocher de pointes à McCain, de ne pas le défier, m'ont porté à penser qu'il ne s'en était pas aussi bien tiré que le public a semblé le croire. Mais un des plus remarquables «spectacles» de l'élection de 2008 a été l'unanimité des démocrates sur les questions de politiques une fois que le conflit de personnalité entre Obama et Hillary Clinton fut mis de côté. Il n'y avait pas de chamailleries entre les nouveaux et anciens démocrates, entre les progressistes et les modérés, sur les questions de races, de guerre ou de paix.

Et, au moment crucial de la campagne – la brusque apparition de la crise financière –, ce fut le calme instinctif d'Obama qui a gagné la confiance du public, et finalement l'élection. L'après-midi où McCain a interrompu sa campagne, menacé de saborder le débat du 26 septembre et sauté dans un avion vers Washington pour tenter de régler la crise, Obama se trouvait en Floride en train de se préparer en vue du débat. Lorsqu'il a appris les manœuvres de McCain, sa première réaction, selon un de ses assistants, a été de dire: «Ce n'est pas possible! Je vais faire le débat. Un président doit être capable de faire plus d'une chose à la fois.» Mais une véritable tempête se préparait chez les partisans d'Obama présents à Washington. «Mon BlackBerry était sur le point d'exploser, dit un assistant. Ils disaient que nous devions suspendre le débat. McCain allait être perçu comme un homme d'État, au-dessus de la mêlée.»

Obama a compris que McCain et lui ne joueraient qu'un rôle de spectateur dans la riposte à la crise financière. Il n'avait pas le pouvoir d'influencer le résultat final; il était donc préférable de rester calme et de ne pas faire trop valoir son rôle. Il s'agissait d'un choix facile, puisque c'était là sa tendance naturelle. Toutefois, Obama a reconnu: «Il y aura des moments où je ne pourrai pas me permettre le luxe d'examiner une question sous tous ses angles.» Voilà pourquoi l'épisode Petraeus était si intéressant. La réaction d'Obama a été d'aller à l'encontre de sa propension à l'apaisement et de confronter le général. «Je sentais qu'il était nécessaire de parler franchement, précisément parce que je respecte le général Petraeus et l'ambassadeur Ryan Crocker, dit-il. Parce qu'ils ont fait du bon travail. Je voulais qu'ils comprennent que je prenais leurs arguments au sérieux.»

I L Y A PRÈS DE DEUX ANS, J'AI FAIT MA PREMIÈRE ENTREVUE OFFICIELLE AVEC BARACK OBAMA. Ce ne fut pas facile. Son livre, *L'audace d'espérer,* venait tout juste de paraître, mais les politiques qu'il proposait ne semblaient pas très audacieuses. Obama semble plus déterminé à présent. Sans être un spécialiste politique à la Clinton, il a une meilleure compréhension de la situation dans son ensemble, sur la façon dont les différentes composantes politiques s'intègrent les unes aux autres. Il souhaite lancer un «projet Apollo» pour construire une nouvelle économie d'énergies de substitution. Derrière ce projet se cachent quelques pénibles vérités sur le gâchis économique actuel. «Le moteur de la croissance économique des 20 dernières années ne sera pas là pour les 20 prochaines, dit-il. Il s'agissait des dépenses de consommation. En fait, nous avons suralimenté une économie basée sur le crédit bon marché. Il faut maintenant trouver un nouveau turbocompresseur, et il n'y a pas de meilleur moteur qu'une nouvelle économie de l'énergie. Ce sera ma priorité numéro un.»

Une telle précision est nouvelle chez Obama. L'incapacité de décrire ses priorités, de parler directement aux électeurs de manière à se faire clairement comprendre, l'a affecté pendant une grande partie des primaires. Sa tendance aux procédés rhétoriques devant les grandes foules a permis à McCain de prendre temporairement les devants, après le présomptueux discours de Berlin. Le futur président a toutefois tiré des leçons de cette erreur; son style de discours pendant la campagne pour l'élection générale était simple, direct et pragmatique. Ses meilleurs moments durant les débats furent ceux où il expliquait ce qu'il avait l'intention de faire en tant que premier homme du pays. Le moment culminant s'est produit lors du débat de type forum public, où il a expliqué comment le plan de sauvetage aiderait les gens ordinaires en mauvaise posture: si les compagnies ne pouvaient pas obtenir de crédit auprès des banques, elles seraient incapables d'assumer leur charge salariale et devraient licencier des employés. McCain, de son côté, a parlé des fautes d'Obama et de Fannie Mae et Freddie Mac, sans parvenir toutefois à exposer clairement son point de vue.

En tant que président, Obama devra faire appel à son talent de rassembleur et redevenir une source d'inspiration. Le public doit être mobilisé pour faire face aux nouvelles et terribles réalités économiques. Obama devra annoncer de mauvaises nouvelles, transformer des crises en «moments pédagogiques». Il devra apporter un changement majeur à notre vie politique: amener le public à réfléchir à des solutions à long terme plutôt que de privilégier des baumes temporaires. En demeurant pondéré tout au long d'une saison de folie politique, il a donné de solides indices qu'il a ce qu'il faut pour y parvenir. Sa campagne a été remarquable, menée aussi habilement que n'importe quelle autre campagne que j'aie pu observer en neuf cycles présidentiels. Chose encore plus remarquable, Obama a fait de la notion de race – cette éternelle blessure béante américaine – une considération secondaire. Ce qu'il a réussi en apportant à la politique américaine une qualité que nous n'avions pas vue depuis un certain temps: la maturité. Il est sans aucun doute aussi motivé par son ego que quiconque ayant postulé pour la plus haute fonction. Mais il n'est pas puérilement égocentrique, à l'inverse de nos derniers présidents issus du baby-boom, ni irritable, contrairement à son adversaire. Et il ne semble pas avide d'attention. Il agit comme un adulte, dans un pays qui a grandement besoin de la supervision d'un adulte.

—PUBLIÉ ORIGINALEMENT DANS LE *TIME*, LE 3 NOVEMBRE 2008

Le choix du peuple

Après une campagne captivante qui a réécrit les règles de la politique américaine, la victoire grisante d'Obama pourrait mener à un véritable changement – si les citoyens américains sont prêts à y prendre part.

PAR NANCY GIBBS

CERTAINS PRINCES SONT NÉS DANS DES PALAIS ; D'AUTRES, DANS DES MANGEOIRES. Mais quelques-uns sont nés dans notre imaginaire, à partir de quelques bribes d'histoire et d'espoir. Barack Obama ne parle jamais de la perception que les gens ont de lui. «Je ne suis pas celui qui fait l'histoire, dit-il à chaque occasion. Vous l'êtes.» Pourtant, le soir de l'élection, à travers la vitre pare-balles dans un parc nommé en l'honneur d'un général de la guerre de Sécession, il a bien dû lire la vérité sur le visage des gens. «Nous sommes ceux que nous attendions», se plaisait-il à dire, mais c'est lui que les gens attendaient, quelqu'un qui terminerait ce qu'un Martin Luther King Jr avait commencé. «S'il y en a parmi vous qui doutent toujours que les États-Unis sont un lieu où tout est possible, a déclaré le futur président, qui se demandent toujours si le rêve de nos pères fondateurs survit encore à notre époque, qui s'interrogent sur la puissance de notre démocratie, ce soir, vous avez votre réponse.»

Barack Obama n'a pas gagné à cause de la couleur de sa peau, ni malgré sa couleur. Il a gagné parce que, à un moment extrêmement critique dans la vie d'une nation encore jeune, plus de gens que jamais auparavant se sont élevés et unis pour tenter de la sauver. Et c'est là une victoire en soi.

«Souvenez-vous de ce jour», ont dit des parents à leurs enfants en allant les chercher à l'école, pour qu'ils voient un candidat afro-américain entrer dans l'histoire. Cette élection dans une des plus anciennes démocraties du monde ressemblait à celles qui ont lieu dans les nouvelles démocraties, où les citoyens sortent enfin en dansant, une journée de pouces bleus, une révolution de velours. Une centaine de milliers de personnes sont sorties dans les États rouges pour entendre Obama ; 150 000 sont sorties dans les États violets, même après tout ce temps, quand elles auraient dû en avoir ras-le-bol de «l'espoir» et du «changement». Les astronautes de la NASA, à bord de la Station spatiale internationale, ont envoyé un vidéo pour encourager les gens à voter ; ils ont eux-mêmes voté, à 320 km d'altitude. La veille de l'élection, un responsable officiel de la Floride s'est enfermé au quartier général de son comté et a dormi avec les bulletins de vote pour s'assurer que rien de fâcheux n'arriverait. Dès le matin, à Atlanta, les gens devaient attendre 10 heures en file pour voter. Ils étaient prêts à patienter, comme si leur vote

Un homme en mission
À Grant Park, Obama, le candidat inattendu devenu président désigné, déclare aux Américains que cette victoire leur appartient.

était leur bien le plus précieux à un moment où tout le reste semblait perdre de la valeur. On entendait partout les mêmes phrases: «C'est la première fois de ma vie. Faisons ce qu'il faut.»

Une fois l'élection terminée, plus de 120 millions de personnes avaient actionné un levier ou rempli un bulletin de vote. Le système pouvait à peine suffire devant une démocratie aussi «extrême». Obama a remporté plus de votes que quiconque dans l'histoire américaine. Il s'agit de la plus importante victoire démocrate depuis que Lyndon Johnson a écrasé un autre sénateur de l'Arizona il y a 44 ans. Obama s'est acquis les votes des hommes, ce qu'aucun démocrate n'avait réussi depuis Bill Clinton. Il a gagné l'appui de 54 % des catholiques, 66 % des Latino-Américains, 68 % des nouveaux électeurs – un mouvement multiculturel et multigénérationnel qui a fracassé la vieille banquise politique. Il a soulevé une immense vague bleue qui a déferlé bien au-delà des côtes et des villes universitaires. On pouvait pratiquement marcher du Maine au Minnesota sans poser les pieds sur un État rouge. Après des mois à redessiner la carte électorale pour atteindre le chiffre magique de 270 votes, Obama l'a dépassé avec aisance.

Une fois les résultats annoncés, un tumulte s'est élevé, un concert de klaxons et d'acclamations. Des étrangers s'étreignaient dans les rues. Les gens dansaient à Harlem, pleuraient à l'église baptiste Ebenezer, allumaient des cierges sur la tombe de Martin Luther King Jr. À l'extérieur de la Maison-Blanche, où il y a un siècle on trouvait scandaleux qu'un président invite un héros noir à dîner, plus d'un millier de personnes se sont écrié: «Oui, nous pouvons!» (*Yes, we can*). Le président Bush a qualifié cette victoire d'impressionnante lorsqu'il a téléphoné à Obama pour le féliciter: «Vous êtes sur le point de faire un des grands voyages d'une vie.»

John McCain, ce défenseur de la liberté, a toujours vu la noblesse d'une bataille, même perdue d'avance, de celle qui demande le plus de courage à livrer. Lorsqu'il a appelé Obama pour lui concéder la victoire, ce dernier a honoré le vétéran de la politique: «J'ai besoin de votre aide», a-t-il dit à McCain, qui la lui a offerte sans hésiter. «Peu importe nos divergences d'opinions, nous sommes des concitoyens américains», a déclaré McCain à la foule lors d'un discours plein de dignité au pied des montagnes de l'Arizona.

«Souvenez-vous de ce jour.» Nous pouvons maintenant imaginer, du moins pour un temps, que l'élection d'Obama n'a pas seulement permis de tourner une page de notre politique, mais de jeter le livre en entier et de recommencer à zéro. Que ce soit par dessein ou par défaut, le passé a perdu de sa puissance. Pour le moment, il semble que nous ayons laissé derrière nous les luttes des enfants du baby-boom des 40 dernières années, les conflits de valeurs qui nous ont emprisonnés et nous ont fait oublier ce que nous avons en commun, l'antagonisme entre les pauvres et les riches, le Nord et le Sud, les Noirs et les Blancs, ainsi que l'illusion, si quiconque l'entretient encore après les huit dernières années, que ce qui se passe à Washington n'affecte pas ce qui se passe partout ailleurs.

Dans une période d'insécurité, les Américains ont décidé de confier leur destinée à un homme né d'une adolescente blanche idéaliste et d'un étudiant africain charismatique qui les a abandonnés, à un homme qui a grandi sans argent, qui s'est fait accepter dans les meilleures écoles grâce à son éloquence, qui a gravi les échelons du monde impitoyable de la politique à Chicago pour accéder au Sénat américain, puis à la Maison-Blanche, en un laps de temps remarquablement court. Cette réussite, comparée à celle des Bush, des Kennedy, des Adams ou de tout autre prince américain né ou élevé dans le pouvoir, représente une exception si radicale à la norme qu'elle donne finalement un sens à la promesse enseignée dès la maternelle: «Tout le monde peut devenir président.»

Un pays n'a pas besoin d'un grand président dans les périodes calmes; il en a besoin quand l'avenir est lourd de menaces. Nous avons tellement entendu parler des nouveaux électeurs d'Obama que nous avons oublié les autres qu'il a dénichés, ceux qui n'avaient pas voté depuis le Viêt Nam ou qui n'avaient jamais pensé voter pour un Noir, un libéral ou un démocrate, et encore moins les trois. Mais de nombreux Américains vivent la pire décennie de leur vie et sont en colère. Ils ont été témoins d'une guerre mal gérée, d'une ville engloutie, puis d'une économie chancelante et soutenue à l'aide de prêts étrangers. Il a fallu un tourbillon de mauvaises nouvelles pour créer ce moment, mais même les grands hommes gagnent rarement avec facilité. Ce ne fut pas le cas de Ronald Reagan ni de John F. Kennedy. Ce sont souvent ceux qui ont une vision claire qui doivent se débattre le plus pour communiquer leur message.

OBAMA APPARTIENT À UN PARTI QUI A TENDANCE AUX REPRÉSAILLES; IL A PRÊCHÉ LA réconciliation. Il y a un an, lorsqu'on a demandé aux électeurs qui avait le plus de chances de gagner, Hillary Clinton l'emportait à 71 % contre 26 %. Obama a dû construire une nouvelle église et tendre la main à ceux qui avaient perdu leur foi dans le gouvernement ou qui n'y avaient jamais cru. Durant sa campagne, il ne s'est pas tant appuyé sur un credo que sur la croyance que tout est détraqué. Il soutenait que le peuple américain est perdant avec ce système qui produit des candidats, décide des questions importantes et choisit qui perd et qui gagne dans la vie publique. «Nous devons repartir à zéro, a-t-il soutenu. Nous devons écouter attentivement, trouver des solutions.» C'est parce qu'il n'était pas un favori et avait peu d'expérience, d'amis politiques ou de vieilles rancunes qu'il a pu se présenter lui-même comme la solution.

Étant donné la présence d'un président «radioactif» et d'une économie chancelante, on pourrait dire que l'issue de l'élection n'aurait jamais dû être mise en doute. Dans les primaires démocrates, plus de gens (environ 70 %) ont voté que dans les républicaines; 9 personnes sur 10 étaient d'avis que le pays faisait fausse route. Sous cet angle-là, McCain était le bouc émissaire de son parti, un héros américain certifié à qui on accordait une dernière chance de servir son pays. Il avait toutefois suffisamment de notes dissidentes dans son curriculum vitæ pour convaincre les électeurs mécontents en cas d'effondrement d'Obama. Bien que cette course n'ait pas été très serrée vers la fin, elle offrait indéniablement un choix: pas seulement entre le noir et le blanc, le rouge et le bleu, le jeune et le vieux. Avec le temps, il est devenu clair que ces deux hommes percevaient le changement de façon différente: McCain le voyait comme un malheur qui éprouvait sa résistance, et Obama comme une chance qui testait sa polyvalence.

Le candidat démocrate, qu'on a tourné en ridicule parce qu'il manquait de consistance en comparaison de ce vétéran de la politique, était pourtant le réaliste à la vision claire. Il était l'enfant du changement: changement de pays, de culture, de carrière, et même de nom (Barry est devenu Barack). «On ne peut pas empêcher le changement d'arriver, disait-il. On peut seulement l'accueillir et discuter des conditions. Si on est intelligent et qu'on a un peu de chance, on peut en faire son ami.»

Comme si ce choix n'avait pas été assez clair, McCain l'a rendu encore plus évident. La désignation d'un vice-président avait toujours promis d'être compliquée pour ce pilote solo qui résistait à l'idée d'un partenaire, mais la Constitution exigeait qu'il choisisse un ailier. Et si quelqu'un avait cru que nous traverserions une élection générale complète sans un intense conflit de valeurs, l'arrivée de Sarah Palin a pris soin de le désillusionner. Elle se qualifiait de «nouveau visage» et se disait impatiente de s'attaquer à la «clique des hommes en place». Mais loin de miser sur l'avenir, elle a joué la corde du passé. Cette mère de cinq enfants, d'une ville frontalière, évoquait les valeurs d'une Amérique simple et sûre, à l'opposé du lieu multiculturel, foisonnant d'idées, mondialement compétitif et accablé de problèmes financiers que représentait Obama. Elle semblait se complaire dans ce contraste et parlait de la «véritable Amérique», «des régions proaméricaines de cette grande nation». C'était une invitation pour Obama à montrer le chemin parcouru par cette nation: «Il n'y a pas de vraies ou fausses régions dans ce pays, a-t-il rétorqué. Nous sommes une nation. Nous sommes tous fiers, nous sommes tous patriotes...»

POURTANT, À LA MI-SEPTEMBRE, McCAIN, FLANQUÉ DE PALIN, AVAIT COMBLÉ LE DÉCALAGE hommes-femmes et enflammé sa base. Il semblait s'amuser pour la première fois depuis longtemps. Il a martelé l'argument qu'il était le seul à avoir passé l'épreuve durant une crise. Tout allait bien pour lui, jusqu'à ce qu'il soit «mis à l'épreuve» durant une crise. Toute l'année, l'hypothèse avait été que si les Furies se déchaînaient durant cette élection, le pays se replierait sur un choix prudent et ne prendrait pas le risque d'élire un bleu. Le triomphe d'Obama résulte de cette crise financière, qui aurait pu l'enterrer, mais qui l'a plutôt propulsé vers le haut, en permettant aux électeurs d'évaluer son jugement dans une situation concrète. Cela lui a procuré, durant trois semaines et trois débats, une occasion de jouer un rôle d'homme d'État que des décennies de débats au Sénat n'auraient jamais pu lui offrir.

Le jour où Lehman Brothers a fait faillite, McCain devançait par deux points. En septembre, lorsque le *Wall Street Journal* a demandé au public qui avait le meilleur plan en matière d'impôts, McCain a battu Obama à 41 % contre 37 %. Au cours du mois suivant, on a observé un virage de 18 points, jusqu'à ce qu'Obama l'emporte sur la question des impôts, à 48 % contre 34 %. L'équipe d'Obama a saisi toutes les occasions de citer McCain, qui répétait que «les principes fondamentaux de l'économie étaient forts» ou qu'il était «fondamentalement pour la déréglementation à un moment où le besoin d'une réglementation se faisait sentir». Lorsque McCain a voulu suspendre la campagne et rentrer à Washington pour secourir le système financier mondial (où il a été bloqué par son propre parti), il a offert à Obama une arme presque aussi puissante que la crise elle-même. Les temps étaient soudain inquiétants, et McCain se montrait «fantasque, impulsif, irresponsable». McCain est tombé dans un piège dont il ne put sortir avant des semaines. Chaque fois qu'il tentait une attaque, comme ses partisans l'exigeaient, il perdait du terrain auprès des indécis. Six électeurs sur dix ont déclaré que McCain passait plus de temps à attaquer Obama qu'à expliquer ses propres positions.

Au cours des trois débats, en plein cœur de la crise, les électeurs ont pu évaluer directement les deux hommes – aucune foule, aucun tour de force, aucun rédacteur de discours ne pouvait les sauver. On avait dit aux électeurs qu'Obama était un dangereux radical qui fréquentait des terroristes. Simplement par son attitude sobre et raisonnable, il les a rassurés tout en dépréciant McCain, dont les attaques paraissaient fourbes. Selon un sondage du *New York Times*, les gens qui changeaient d'opinion envers Obama étaient deux fois plus nombreux à devenir plus favorables à son égard que le contraire; parmi ceux qui voyaient McCain d'un autre œil, trois fois plus de gens avaient une perception plus négative que positive. Vers la mi-octobre, seulement un électeur sur trois pensait que McCain apporterait un véritable changement d'orientation au pays. Il n'a jamais comblé l'écart par la suite.

Vers la fin de la campagne, certaines leçons étaient évidentes. L'énorme force financière d'Obama, qui avait dépensé près du double de McCain, garantissait que la façon dont nous finançons la politique ne serait plus jamais la même – et on sait que l'argent et le pouvoir ont tendance à aller dans le même sens. Une nouvelle génération d'électeurs est sur le point de nous montrer s'il s'agissait seulement d'une petite visite ou si elle a l'intention de rester. Les démocrates se sont fait octroyer plus de pouvoir au Congrès malgré leur constante impopularité; nous verrons s'ils sont conscients qu'il s'agit d'un prêt, et non d'une récompense. Après le rejet du président Bush et de ses alliés, le Parti républicain devra s'asseoir en cercle, se tenir les mains, allumer de l'encens pour redécouvrir leurs véritables valeurs et redéfinir leurs principes.

Quant à Obama, avec quels démocrates s'alliera-t-il? Les anciens libéraux à la Ted Kennedy qu'il a inspirés? Les Blue Dogs conservateurs qu'il a courtisés? Les nouveaux arrivants des circonscriptions violettes et même rouges dont la durée de vie dépend d'un programme centriste? Il a parlé de la nécessité d'améliorer le programme social mais, si on tente de lui faire préciser l'audace de ses

Voici les Obama
La future «première famille» monte sur scène pour saluer la foule le soir de l'élection.

moyens, il se perd dans un brouillard d'imprécisions et d'hypothèses. Il a voté pour le plan de sauvetage de Wall Street de 700 milliards, mais il y aura certainement plus de demandes que de fonds disponibles. Obama avait déjà des équipes travaillant avec le ministère du Trésor et le Pentagone en prévision d'une victoire. Dans une période comme celle que nous vivons, on ne peut probablement pas être *trop* préparé.

Son vœu d'unir les gens ne signifiera rien s'il se contente d'opter pour la facilité. Il devra placer de véritables républicains à des postes-clés du Cabinet, et pas seulement aux Transports. Il devra utiliser son pouvoir de manière à ce que les deux clans soient tout aussi insatisfaits afin de dépoussiérer les mots importants que nous avons besoin d'entendre: austérité, sacrifice, responsabilité envers les générations futures auprès de qui nous ne cessons d'emprunter. «Cette victoire à elle seule n'est pas le changement que nous cherchons, a-t-il déclaré à la nation le soir de l'élection. C'est une occasion pour nous de l'appliquer. Et cela ne peut pas se produire si nous retournons aux anciennes façons de faire.»

Nous avons les dirigeants que nous méritons. Et si nous les élevons au sommet, pour ensuite leur tourner le dos, si nous refusons de les suivre à moins qu'ils ne nous emmènent à Disneyland, alors aucun président, peu importe son mandat historique ou sa vision précise de ce qui doit être accompli, ne pourra nous conduire où nous refusons d'aller. Cela n'a pas pris fin le jour de l'élection, a répété Obama en parlant de la possibilité que des gens ordinaires accomplissent des choses extraordinaires. Il s'agit donc simplement de la fin du commencement. – *Avec l'aide de Laura Fitzpatrick.*

—Publié originalement dans le *Time*, le 17 novembre 2008